帝王治要

了解民生民意是掌握治国理政的要义

周贵轩 著

北京联合出版公司
Beijing United Publishing Co.,Ltd.

目录

前　言

我业余爱看历史书，逐渐认识到，我国拥有连续四千多年的帝王治国史。因此，读中国历史，总留意帝王关于治国理政的言论，并常想这样两个问题：我国历代帝王治理国家的理念即治国的认识和观念的发展过程是怎样的？这个过程中隐藏着什么规律没有？

作为一国之主的历代帝王，都是他们世袭制家天下的最高统治者和国家利益的总代表。他们处在国家权力机构的巅峰，对国家的前途和命运起着统领作用。他们不论在什么场合下说的话，在其所处时代、所在国家都被人们称为“金口玉言”，具有无上权威。他们关于治国的言论，一开口、一动笔，不论正确与否，更是被臣民视为天经地义的圣旨，决定国家大政方针和政策法规的制定。因此，凡帝王治国的言论，如诏、诰、命、制、教谕等，都反映出他们持有的某种治国观念，都反映出他们治国认识或正确或错误的深度和广度，是后人了解他们个人德才优劣、研究其朝代治乱兴衰和探讨有关其他历史问题的珍贵资料。

历代每个帝王在各自所处社会发展阶段一定时期的具体环境中怎样治国及其经验教训、功过是非，不管其生前身后的人们站在什么立场、以何种史学观和方法论看待，已有定评还是尚未定论，都已成不变的事实载入了史册。至于怎样才能治理好处在现时社会发展阶段不同发展时期、不同具体环境中的国家，则是首先要在认识领域加以探讨和解决的问题。对这个问题，除需要认真总结历史上各社会发展阶段各个时期的治国思想外，我国历代帝王的治国认识和观念即治国理念也是其中需要认真总结的一个重要内容。本书就从这个角度试图对此做一次探讨性的综合叙述。

人类社会一经形成，人们相互间为协调生产、生活中彼此的行为所必需的一方对另一方的服从关系也同时形成。在原始社会，这种服从主要是对在氏族群体共同生产劳动的实践中自然形成的个人权威（包括民族形成之初“由军事首长组成的常设公职人员”的权威）出于“自由的、自愿的尊敬”的服从。自从国家在人类社会中出现后，为了“控制奴隶使之服从”“控制公民使之服从”，便有了用法律确保服从的“公共权力的设立”（见恩格斯著《家庭、私有制和国家的起源》）。在任何一个国家，不论其实行什么样的社会制度和政治体制，治理国家，没有权力，谈不上治理。我国历代每个帝王，都拥有至高无上的治国权力，可他们治国的情况和效果却千差万别，且往往截然不同：有的使国家统一稳定、走向兴盛、出现治世；有的使国家走向衰败、出现乱世、导致灭亡或分裂；有的则治乱都不甚明显或治显乱亦显。这说明帝王拥有最高权力只是其治国的先决性前提，比权力更重要的是帝王还必须具有指导权力如何运用的正确认识，即必须按照治国理政的一些内在基本规律行事。帝王的治国理政作为，符合这些基本规律，国家就必然出现治世；否则，就必然出现乱世。

凡社会规律都是要通过人们在社会发展的过程中的实践才能逐步

显现出来的。治理国家的规律当然也就只存在于过去、现在和将来各代治国者们治国的实践过程之中。人们对它的认识，也跟随治国实践的开始而开始，并贯穿治国实践的全过程。历代帝王治国认识和观念的发展过程，也就是人们对治国内在规律的认识过程。因此，了解历代帝王治国理念的发展过程，无疑是有助于人们对治国规律的认识的。

中国有帝王存在的社会从第一个国家夏王朝起到最后一个封建制皇朝清朝灭亡①，历经四千多年，国家治乱、统分的情况常有，出现的正统王朝、皇朝六十多个，其称孤道寡的国王、皇帝、天王、大汗有四百多人（不包括诸侯国王。见本书附录一表注(1)）。帝王们曾经都是国家政治舞台上一个个鲜活的人物，在治国方面所说的话也不知有多少，有记载的又都散见于浩如烟海的大部小本的历史书籍中；再说，凡在位执政几年以至几十年的帝王，他们有记载的治国言论和治国举措大多涉及国家事务的各个方面，史家因题选材，各有取舍，书、文杂呈，难得要领；而且，各朝各代帝王治国的言论中相同的认识和观念有不同的说法，不同的认识和相同的认识又与建国言论混合相间、异同并存于书林，甚难摘集、比较和梳理。因此，想要对我国历代帝王治国的认识和观念情况有个总体轮廓性的了解，对于处在现代高快节奏生活环境中的人们来说，并非易事。

为了便于为事业奔忙而又关心治国问题的人们不花太多时间就能基本了解我国历代帝王治国认识和观念的总体情况，并且从中看到他们对治国规律的认识以及这种认识的发展过程，笔者就以政论笔调写了这本特意控制篇幅的书。所用的写法是：

① 本书仿白寿彝的《中国通史》称奴隶制朝代为王朝，称封建制朝代为皇朝。

把中国历代帝王都当成治国的实践者，以各王朝一些比较知名的帝王关于治国有代表性的和各有不同侧重点的言论为主要依据，结合他们与其言论一致的治国举措（凡类似和雷同的治国言论一般不重复表述），再辅以一些时间顺序上连贯性的和有关方面补充性的史料作为背景衬托，尽量以简明扼要的条款方式把他们治国的理念及其相应的所作所为进行文字上的浓缩处理，并用通行的和自己的史学观点做出综合归纳性的表述。使历代帝王治国理念的整体梗概原貌呈现出来，以求让读者看到历代帝王治国理念的发展过程。为凸现这一过程，笔者一是不时就帝王们某一重要的治国言论或重大的治国举措的政治影响和历史意义稍作了些有关的提示、点评和小议；二是对少数几个比较重要的开国之君和守成之主的治国言论和作为，本着不拘泥于成见、不以功掩过或以过掩功的态度用相对较多的笔墨作了述评。与此同时，考虑到本书不是记载陈述各朝各代的历史事件，而是就历代帝王的治国理念及其史实进行浓缩归纳后的综述，所以，笔者还有意把一些帝王建国的简要过程和他们的简历、个性、品德、才略、智谋以至权术也都顺带写了一笔，以便读者运用自己的形象思维和逻辑思维对曾身为国君的古人为什么当时会有这样或那样的治国认识和作为及其功过，做些尽可能符合当时主、客观实际的综合想象和分析。

为了把中国历代帝王治国认识和观念的发展过程分阶段性地和通俗易懂地表述出来，笔者按史学界对我国古代社会（即原始社会、奴隶社会和封建社会）通行的划分法用通史条款体普及读本形式（含直译或意译文言文治国言论）进行叙述（凡朝代国祚和帝王在位及寿年等，为适应本书有时要写明具体日期的需要，都用实年、实岁，而史界通常用虚年、虚岁）。

尽管我们现在所处的社会发展阶段和历代帝王所处的社会发展阶段已经完全不同，时代背景、环境条件、社会制度和国家政体都发生了根本的变化即都有了本质上的不同，但只要国家还存在，执掌政权治国理政的任务和内容及其内在的规律也就还存在着。就当今我国社会而言，通观知晓我国历代帝王治国认识和观念的发展过程，就或许可供现在和将来从政的人们从中找到怎样治理好国家的一些带普遍性的内在基本规律，进而结合当今实际，探求到共产党执政规律和社会主义建设规律，以便在治理当代中国乃至一个行政区域的实践工作中加以运用。国家因历难而崛起，社会唯鉴往而知来。对正在建设中国特色社会主义的所有从政和非从政的成年公民来说，掌握一些古代帝王治国史的基本知识，是有利于探求和运用治国内在基本规律的。这样做的目的，就是：在21世纪实现中华民族伟大复兴的中国梦。

最后，笔者怀着历史事实具有客观性和历史规律具有可知性的信念，用自己的语言风格对反映历代帝王治国理念的史实所做的文字浓缩和综合归纳是否恰当，用自己的史学观点所做的有关提示、点评、小议和述评是否正确，以及因个人学识所限而造成的史实疏漏、取舍错讹等，诚望史家、有关学者和读者们不吝赐教。

周贵轩

2015年11月26日

第一章　天命天意与民生民意

在综合表述中国历代帝王治国理念的发展过程之前，有必要就天命、天意与民生、民意问题先做个简要说明。这个必要，是由贯穿中国历代帝王治国理念发展全过程中的独特性所决定的。同时，也是笔者试图探求治国理政的内在规律，或者说意在表明治国理政要注重民生、顺应民意这一历史学术论点所必须要讲的。

由于中国自然气候、地理环境适宜华夏祖先发展农耕为主的经济和与之相应形成的文化源流等多种因素所决定，我国经过原始社会的军事民主制、从夏王朝草创以农立国的国家机器开始，古代的各个朝代都没有形成像古希腊以商立国的各城邦国家那样，主要以国家成年男性公民进行选举的方式解决国家权力归属问题的现象，即不存在由有选举权的公民选举产生国家权力执掌者的政治体制。因此，人们头脑中也就从来没有出现过、因而也就更谈不上有君权民授的民主思想及其观念（古希腊自由民有选举权，但占人口多数的奴隶和妇女没有选举权，所以“君权也不是真正民授的”——列宁语）。

中国从夏朝以后，历代的开国帝王都是通过军事武装斗争或以军事武力为后盾的宫廷政变和兵变等流血和不流血的方式成为国家最高统治者的。然后，其帝王权位以兄终弟及和父死子继方式在帝王一家世系中传承（包括帝王家族中的其他人通过权势大臣拥立继位和帝王自家人以军事反叛方式夺位）以维持其家天下的统治。正因为国家权力归属方式如此，所以，中国古代社会每个奴隶制王朝和封建制王朝总是建国创业之后难以守成长久，因而比较有作为的帝王多因他们顺应了建国创业前后的时势而在朝代前期出现，即使中期有中兴之主或后期有明君治国也终究难免其政权不走向衰落、败亡。有的朝代甚至“二世而亡”。这也是中国古代社会总是呈现出旧政权被新政权取代这一长久反复更替现象的一个重要原因。

但是，每个取代旧政权创建新政权的不同出身的人和得以继承其权位的子孙，之所以能坐上唯我独尊的帝王之位，主国之兴衰沉浮，定民之生死苦乐，尽管是因为各自不同的原因和机遇，而他们本人却无一不认为这是天意所定，是上天授予他们统治、管理国家的权力，即都有天赋君权即君权神授因而崇拜上天和已升天的祖宗神灵的天命观念。因此，每个帝王把自己治国状况和效果的好与差、维持帝位和国祚的长与短，也都归之于天意，认为是天命所定。不只帝王个人这样认为，历代天下百姓一般也都这样认为，就连被帝王统治和管理的每个臣民的身世、遭遇怎样，以至一个家族中有人当官封侯或科举金榜题名，也基本上都归于命中注定，与上天或祖宗埋葬地相关。就是说，我国有帝王存在的各朝各代，帝王天命观和人生天命观在国家政治生活中和社会上是一种普遍流行的观念。虽然世界历史上不乏以农立国的民族和国家，但它们的文化源流多使人们信仰某种宗教，就和有古希腊商贸文化源流的国家一样。它们的最高统治者和地方各级掌权者治国的认识也就常与宗教观念相联系，不少民族和国家直到现在还是如此。中国则主要是天命观念贯穿古代和近代（宗教观念仅南北朝大分裂时期曾一度在社会上流行）。这就是上述所谓独特性之所在。

天命，即上天之命或上帝之命，是人们对社会现象（包括人生际遇）不能做出科学解释的一种虚构的解释。天命观念是只存在于人们头脑中以自我虚构出来的世间主宰（包括祖宗墓地风水）为来源的唯心观念。宗教观念则是对自我虚构的世间主宰产生信仰加以崇拜且有系统教义的唯心观念。二者实质相同，都不能真实反映客观存在的人类社会的实际情况。

人类社会的实际情况是：

天底下有许多人，经过母系群婚共同体和父系以氏族部落为单位的原始社会之后，以父系血缘为纽带的氏族部落因社会上有了供人们食用消费仅能维持劳动生产能力之后的剩余劳动产品以及畜牧业从农业中分离而解体，出现了：1. 社会的最基本单位即把社会剩余劳动产品变为私有财产的家庭；2. 按占有私有财产的多少（包括由战俘变成的奴隶）区分成的阶级；3. 由大致一定的地域内许多家庭组成的国家。家庭、阶级和国家都是随原始社会后期私有财产的出现而形成的。

在每个有大致一定地域范围的国家中，一部分人因为占有较多的私有财产而成为统治阶级，另一部分私有财产较少的人则相对成为被统治阶级。财产的私有在激发人们创造和以各种手段追逐物质财富的同时，总是要出现一些人利用私有的生产资料对另一些人进行经济剥削而导致社会财富向极少数人集中，即“发生了财富在少数人手中的积蓄与集中，以及大批自由公民的贫困化”（恩格斯语），因此，无论哪个国家被统治阶级的人数总是越来越多最后成为大多数。

在凡是少数人对大多数人实行阶级统治的国家里，被统治的分布在社会各行各业中的大多数人们，统称人民。不论哪种社会形态的国家，人民始终是国家的主体。人民要靠吃穿用住而生存、生殖、生活，为此就运用体力和脑力创造发明生产工具并彼此结成一定的社会关系即生产关系从事生产劳动即开展经济、文化活动，这叫民生。简言之，人民生存、生活的状况（即民生状况），就叫民生。人民总要求保护自己的劳动成果、维护自己的经济利益和身体健康、提高自己的物质和文化生活水平并要求长期过太平美好的生活。人民在为实现上述要求的过程中表现出来的意向、意愿、意志，就叫民意。简言之，人民意向、意愿的要求（即民意要求），就叫民意。在国家自行消亡以前的任何社会形态的国家里，人心的向背，就以民生是否能得到保障和改善、民意是否能得到畅达和顺应为转移。

民生和民意，始终存在于人类社会自出现国家后的各个社会发展阶段，并且因为社会的持续发展和人口的生生不息而总是处在不断更新的动态变化之中。将来国家自行消亡以后，原社会中大多数人的民生和民意，就成为社会全体成员即公民的民生和民意了，二者存在于人类社会内部不断更新变化，直至永远。

民生和民意关系到阶级社会总人口中大多数人的利益，因而决定着阶级社会发展的方向和速度。具体到一个国家来讲，民生状况能不断随民意要求得到改善，国家就朝兴盛方向发展前进；否则，就停滞不前继而走向衰亡。这个观点，用马克思主义、毛泽东思想和邓小平理论体系的哲学语言表达，就是社会生产力与生产关系、经济基础和上层建筑的矛盾能否得到正确处理，决定社会发展的方向和速度。

以上所述，就是任何时候都呈现在人们面前的人类社会的实际情况。

自古到今，地球上所有不论实行哪种社会制度和政治体制的国家，国家利益的最高代表者及其下属执掌国家各级政权的全体从政者，都肩负着治国的任务。所谓治国，就是运用权力统辖、管理国民国土和总揽处理国家事务。具体地讲，就是根据国人追求经济文化利益的愿望，运用权力在维护国家主权和统一、保卫国家安全和保障国民生命财产安全的前提下，处理国计民生问题，也即运用权力处理与他国之间的民族利益矛盾和国内统治阶级与被统治阶级的矛盾以及统治阶级内部的矛盾。概言之，治国就是运用权力来处理社会生产力与社会生产关系、经济基础和上层建筑的矛盾以及国际间的民族矛盾。只要人类社会还有国家和由此产生的治国任务存在，治国就不能依靠崇拜上天、祖宗神灵的天命观念或崇拜上帝、真主等的种种宗教观念，只能立足于处在变化动态中的与大多数人利益时刻密切相关的民生、民意现实。

生产力是社会历史发展的最终决定力量。在社会历史发展进程中，生产力自身的发展动力又是什么呢？由于劳动者是生产力诸要素中的主导因素，而劳动者就是指从事体力劳动和脑力劳动的最广大人民群众，所以，最广大人民群众的现实生活状况和现实意愿要求（即现实的民生状况和民意要求）就是生产力不断向新的高度发展的原动力。马克思主义的创始人说过："人们为了能够'创造历史'，必须能够生活。"即必须生产可供吃、穿、住、行等多种需要的物质资料[①]。生产力就是靠人们（在阶级社会主要是指人民群众）"必须能够生活"这个原动力，促使社会生产关系发生量变和质变的。

① 《马克思恩格斯选集》第一卷，人民出版社1972年版，第32页。

这个原动力，在人类社会发展的不同阶段有不同的表现形式。如：在有剥削阶级和被剥削阶级存在的阶级社会，其主要表现形式是这两个对立阶级之间的矛盾以各种非暴力方式直至暴力手段不断进行的你死我活的阶级斗争；在剥削阶级的统治地位被推翻、人民当家做主但还有阶级存在的社会主义社会初期阶段，其主要表现形式就是对生产关系自上而下不断进行的改革。在没有阶级存在的社会里，这个原动力的表现形式，就是人类社会与自然界的矛盾通过人们的生产活动不断加以解决以满足人们“必须能够生活”的需要。“这个矛盾作为一种客观的强制的力量，推动着生产力的发展。”① 人类社会与自然界的矛盾是永恒的，因此，这种表现形式是人类社会各个社会发展阶段都共有的。而且，在任何社会发展阶段，人们对“必须能够生活”的状况也就是民生状况，从起码维持生存开始，总是没有尽止地不断要求改善和提高的。而人们这一要求的意愿也就是民意要求随着“必须能够生活”所需的不断得到满足又总是没有尽止地不断换新和变升的。当社会中产生“与生产力相适应的社会形式即生产关系后”，在这个原动力不断推动下得到发展的生产力，“才变为现实的生产力”②。所以，现实的民生状况和民意要求作为现实生产力的原动力，是人类社会历史向前发展内在的、永恒的推动力量。

总之，一个国家，无论是有着以农立国的古代农耕文明，还是有着以商立国的古代商贸文明，或是游牧文明等，都是人类在不同生存

---

① 李秀林等：《辩证唯物主义和历史唯物主义原理》，中国人民大学出版社 1982 年版，第 270—271 页。

② 李秀林等：《辩证唯物主义和历史唯物主义原理》，中国人民大学出版社 1982 年版，第 270—271 页。

环境中必然要经历的社会文明。尽管不同的古代文明形成了国家权力归属方式上的不同，但不同的权力归属方式也都是不同国家的国人在各自当时历史条件下的必然选择。至于国家的兴衰存亡，无论该国古代文明、文化源流、国人的信仰和观念及其权力归属方式如何，则都主要取决于治国能否立足于使生产关系适应现实的生产力，使上层建筑适应经济基础，也即能否立足于民生民意的现实。

综合地看待我国历代帝王，可以说，所有帝王在他们所处的时代，都是相信天命的，治国都持有天命观念，无一例外，并且没有哪一个不利用天命观念神化自己的王权或皇权以维护和加强自己的统治。但是，除夏、商两朝治国还没有形成明确的民生民意认识外（商朝已有启蒙性认识），除后世有的朝代个别痴愚国君根本不懂治国之道、谈不上有通常意义上的治国作为外，各朝绝大多数帝王（包括有的暴君、昏君）不是只依靠天命而主要还是凭自己从维护统治阶级利益出发对各自所处时代民生状况和民意要求的认识水平治国的。他们不同程度地关心、重视民生和民意，因而对治国各有不同深度和广度的认识。当然，他们关于民生民意问题的认识，因为时代的局限或者说受当时社会科学发展水平的局限，在哲学意义上讲，都是属于不自觉性质的。

本书以下各章，就主要叙述他们的治国认识，并用以论证笔者上述关于民生民意问题的观点即本章开头所说的那个历史政论性学术论点。对待古帝王们的治国认识，我们应该“不是根据历史活动家没有提供现代所要求的东西，而是根据他们比他们的前辈提供了新的东西”[①]来评价。

① 《列宁全集》第二卷，人民出版社 1984 年版，第 1504 页。

第二章　天命先秦

夏、商、西周、春秋——公元前21世纪至公元前476年，约1600年

第一节　只依靠天命治国的夏帝桀和商纣王

商朝开国之君商王汤“视民知治”的认识，是治国要以民为本这一重要思想的最早起源。

原始社会末期出现的家庭和私有制最终形成了奴隶和奴隶主两大阶级。夏朝就是我国第一个奴隶制国家，它由带领各部落奋战洪魔、治水有功、按军事民主制推举继舜位的禹建立。

夏，是上古时代的地名（也是该地氏族名），指中原地区今豫西和晋南一带地方。禹是生活在此地带的部落联盟中一个主要氏族——夏后氏的显赫人物。他继舜位的前后几百年里，该部落联盟的成员已分布居住在黄河流域的广大地域（夏字，古语有盛大意）。这个以夏后氏为主体的部落联盟，到禹任首领时，已是超出血缘关系而主要以地缘

关系为纽带的多部落共同体。这个多部落共同体，就是华夏民族的原始雏形，也是中国大地上包括华夏民族在内的各个民族往后相互融合而形成现今的中华民族之源（华，古语同花，含美丽意）。

禹死后，其子启擅自继位称帝。禹生前选定继位的东夷族人伯益“干启位”而被“启杀之”。从启开始，中国历代帝王权位的传承就不出一家一室的范围了，即夏启首开帝王世袭制家天下的先河。从夏末到春秋时期，是人们天命观念最为严重的奴隶社会发展阶段。

夏商时代，社会上存在许多不同姓氏的氏族及其部落（即部族）。各部族为了获取经济利益经常发生相互掠夺性的战争（这种战争的性质是由恩格斯论证的[①]）。部族中不论哪个人，由于战败成为胜方的奴隶或因为战胜由奴隶或平民变成平民或奴隶主，也都相信是天命所定。成了奴隶，平时就在奴隶主的鞭棒监督下为其夜以继日地从事各类生产劳动，战时则在披坚执锐的部族首领指挥下与敌方进行残酷的厮杀，大家都用殊死的战斗精神争取战争的胜利为奴隶主掠夺财物从而以求改变自己卑贱的社会地位。平民和农奴一般都有自己的家和简单的生产工具，奴隶除了奴隶主套在他（她）身上的“锁链”（指当时限制其自由行动的非金属或金属器具）外，则一无所有（当时不视奴隶为人民）。

一、奴隶社会，治国只依靠天命而不关心民生、民意的帝王中，最典型的是夏帝桀和商纣王（夏称国君为“后”，史书通常称之为帝；商称国君为帝和王、周称国君为王）。

夏帝桀是夏朝所传十七个国君（包括禹）中的最后一个。他治国

① 《马克思恩格斯选集》第四卷，人民出版社1972年版，第160页。

完全相信和依靠天命。他说："日亡，吾亦亡矣。"[①]意即他是应天命而生的一国之主，他像天上的太阳，太阳灭亡，他才会灭亡。

商纣王是商朝所传三十个国君中的最后一个。他能文能武、有征服东夷部族扩展疆土的功绩，但生性荒淫暴虐，拒听忠言，后来宠信美女妲己，以酷刑残害臣民为乐。其叔父忠臣比干就是因为忧国向他建言而被他下令剖胸挖去心脏的。后来，国家面临危亡之时，他却说："我生不有命在天乎？"[②]意思是上天早已决定了他一生当国王的命运，谁能把他推翻呢？

夏桀、商纣都是贪婪残暴的著名暴君，结果都身亡国灭，天命不起任何作用。

二、夏、商两朝在治国方面，已有一些启蒙的简单措施：

1. 相传夏朝建立后，把全国大致划为九州，同时，初创从王室（那时还不称朝廷）到地方的管理机构，并有了简单的官制。比如，王室有"六事之人"（即分管各类事务的六卿），地方上有主持占卜的巫史和管理农务的啬夫（古代官职名）。国家建立了军队，地方上兴办了学校。意识形态领域倡导臣民讲诚信、忠实，即"夏之政忠"（司马迁语）[③]，目的当然是要平民、奴隶忠诚于奴隶主，不要反抗夏王朝的统治。后来还有因"夏有乱政，而作《禹刑》"[④]的刑法（推测是用当时的原始形象图画文字写的，因为目前发掘出的地下文物证明到商朝才有甲骨文字），并设置了监狱。以上所述，说明夏王朝已具维护统治阶

---

① 《尚书大传》。

② 《尚书·西伯戡黎》。

③ 《史记·高祖本纪》。

④ 《左传·昭公六年》。

级利益的国家机器的雏形[①]。

2. 公元前 1700 年前后，商灭夏后，开国之君商王汤启蒙性地认识到国家治理得好不好的关键是要看民情，即要以民情为依据。他说："人视水见形，视民知治不。"[②]意即人看水可以看见自己的形貌，察看民情可以知道自己治国的好坏。这种"视民知治"的认识，实际上已包含民本思想的萌芽。这是世界上有文字记载的治国要以民为本这一重要思想的最早起源。由于开始有了这种治国认识，所以，在出现水灾或旱情时，商王带领群臣向上天祈晴或祈雨以求保丰收。

商朝对管理政事的官员已有考核的规定，有比夏朝更完备、严酷的法律。如《汤刑》三百条法律中规定，平民触犯了奴隶主利益，要处以五刑：墨刑（脸上刺字）、劓刑（割鼻）、刖刑（断足）、宫刑（男性阉割生殖器，女性幽闭）、大辟（砍头）。奴隶则被奴隶主视为会说话的牲畜，只要不听奴隶主使唤稍有违抗言行，就要受到奴隶主任意或打或杀的惩处，甚至遭到斩草除根的杀害，即"劓殄灭之，无遗育，无俾易种于兹新邑"[③]。意思是要斩尽杀绝本人及其子孙，不使"坏种"延续流传（这是商朝为实现迁都到殷而宣布的法令）。

商朝传到第十九任国君盘庚时，为缓和日益激化的社会矛盾，特别是商王朝统治阶级内部的矛盾，盘庚在以前的商王先后五次迁都（"乃五迁，无定处"）之后最后一次把都城迁到殷（今河南安阳市小屯村），"行汤之政"，政局逐渐稳定，经济、文化出现复兴。史称盘庚为商朝中兴贤主。这最后一次迁都定在殷的历时二百七十三年的商

---

① 《从文明的起源到现代化》，人民出版社 2002 年版，第 86 页。

② 《史记·殷本纪》。

③ 《尚书·盘庚中》。

朝，史称殷商或殷（见《古本竹书纪年》）。

三、夏、商两个王朝的农业和手工业都是以社会化大规模生产方式进行的，这是因为在夏、商时代，土地、作坊、青铜器具等生产资料都只属王朝国君及其宗室所有。虽然那时的生产力水平极为低下，但无数平民和奴隶一代又一代在劳动中用血汗和生命创造了奴隶社会的物质财富和精神文明。

夏朝距今过于遥远。这个朝代存在的实物证明，就是通过碳十四测定的河南偃师二里头遗址。通过对这处遗址的发掘，我们得知那时社会上已普遍使用制作粗放、比较原始的青铜器。并且在这个遗址还发现了一座面积超过十万平方米的大型宫城。二里头遗址，因为曾经有这座宫城存在，所以它被现代史学界称为“华夏第一都”。

商殷时代的社会生活状况，据近、现代殷墟考古发掘证明，有三点比较突出，即：1. 饮酒成风（出土大量酒具酒器），2. 巫祝盛行（出土大批有关狩猎、打仗和人祭的甲骨卜辞），3. 奴隶殉葬现象严重（挖掘出许多人祭墓葬，一个坟墓中，有几具至数百具尸骨不等）。

夏、商两朝，国祚都较长，各约五百年和六百年。由于商朝以前的历史当时没有文字记载流传下来，所以，除了《尚书》《春秋》《史记》等几本史书所记那时的一些传说外，至今尚未发现有其他文物史料作根据证明是因为两朝前中期国君都善治国。想来，奴隶主对平民、奴隶的酷刑统治和奴隶们对自己被奴隶主像牲畜一样役使、买卖、屠杀持有严重的天命观念，应是夏、商两朝国祚较长的一个重要原因。（中国有文字记载的历史从甲骨文记载的殷商时代即盘庚迁都以后的有关史实开始，而记载年代准确的历史，是从继殷商之后的西周第十任国君周厉王在位期间由召公、周公两人代行国政的“共和”元年即

殷墟遗址

公元前 841 年开始保存下来的。这之前的西周历史也跟夏、商历史一样主要是以上面那几本史书记载的缺乏准确年代的传说为据的。当然，那几本书籍记载的传说，包括帝王治国的言论和后世史家根据文物史料推算出来的一些年代，不像反映上古时代的文学神话作品，其可信度是很高的。）

第二节　拉开治国要重视民生民意和改革大幕的西周国王

为治国要重视民生民意开启认识大门的国君。

“道有升降，政由俗革”——最先提出治国改革思想的国君。

周武王姬发灭商（殷）以后建立了周朝。历史上把从周武王起传了十二个国王、都城设在镐（今陕西西安市南）的周朝称为西周，把从周平王起迁都到雒邑（今河南洛阳市）、传了二十五个国王的周朝称为东周。

我国古代社会自产生国家后，国君治国开始认识到民生和民意的重要性是在西周王朝建立以后。

一、我国黄土高原上泾水、渭水流域有一个古老的周部族，它以农业见长而兴起。到商末，其部族首领姬昌称王，是为周文王。周文王继先祖仍承认中原地区商王的天下共主地位，继续服侍于殷商（商纣王封他为西伯）。他作为商朝在西北地区的一个属国之主，最不满商纣王的残暴统治，于是所怀祖、父两代就有的“翦商”之志更坚。周文王重视发现人才，他有一次出猎，到民间察访遇到了一个经历坎坷而学识才干出众的姜子牙（又名姜尚，周文王称他太公望）。他用姜子牙助他治国，周很快强大起来。这使周文王即西伯姬昌成了商纣王的眼中钉。周文王受到商纣王的囚禁和侮辱。

周文王猝然病逝后，其子周武王姬发继父志、决心推翻商纣王的统治。他在武装推翻商王朝的过程中，感受到人心向背对于政权的决定作用，看到了人民群众的伟大力量。特别是公元前 1046 年周、商两军在牧野（今河南淇县南）决战，力量极为悬殊，武王有充足的准备和必胜的信念，却并无速胜的把握。可战斗刚开始，数倍于周军（不足四五万）的庞大商军（有史书说十七万，也有史书说七十万）人心离散，“皆无战之心，心欲武王亟入”[①]，竟出现了意想不到的“前徒倒戈攻于后”[②]的局面。这是以前历史上还从来没听说过的一件新奇

① 《史记·周本纪》。

② 《尚书·武成》。

周武王

事。从来部族敌对双方的战争都是惨烈的拼命厮杀，这次周、商两军对阵交战，商军先头部队却站到周军一边，倒戈攻杀后续商军，助周灭商。庞大的商军即刻崩溃，使得周军顺利进军朝歌（纣王酒色欢娱的行都），受到人民夹道热烈欢迎。商纣王众叛亲离，无处逃生，绝望自焚而死。

这件事，使武王感触很深。商纣王不是有天命吗？怎么天命要反过来灭他？武王开始怀疑夏、商两朝以来流传了上千年的天命思想。因时代的局限，他当然不可能进而否认天命。他便提出了“天命靡常”的观点，意即天命还是有的，只是它并不固定在哪一个人身上，是可以转移的，而促成天命转移的力量就是来自人民。因此，他在不否认天命的同时，在商汤民本思想萌芽和盘庚这位使商朝出现过中兴的国君曾提出“重我民”的启蒙思想基础上，第一个提出了国君要爱民重德的重要思想，为治国要重视民生和民意开启了认识的大门。有爱心，才会关心。爱人民，就必然关心人民、重视人民。

他说：“惟天地万物父母，惟人万物之灵，亶（dǎn 真的）聪明作元后（‘后，君也’，含王意；元后，泛指国君），元后作民父母。”[①]这段话的意思是：天地是像父母一样爱护自己所生的万物的，国君也要像父母一样爱护人民，因为国君是天地所生万物中最有灵性的人，他是天地的儿子。周武王这段体现爱民思想的话，大概就是周朝以后历代帝王都自称为和被称为“天子”的有文字为据的起源（商朝时人们已有国君是上天之子的意识和说法）。

他又说：“惟天惠民，惟辟奉天。”[②]即只有上天是惠爱人民的，国君是唯一奉行上天爱民意志的人。

他还说“同力度德，同德度义。”[③]意即力量相等，有德的人胜利；道德相等，仗义的人胜利。

因为周武王有爱民重德思想，所以他很关心、重视民意，并且把民意和天意结合起来。举两例：

1.“民之所欲，天必从之。”[④]

2.“天视自我民视，天听自我民听。”[⑤]

上面第一句话，是说上天必从民意。第二句话，是说上天的所视所听来自人民的所视所听。这两句言简意赅的话已经清楚地表明，周武王认为天意是和民意保持一致的。也就是说，在他看来，民意是真正至高无上的，就是上天也要依凭它、顺从它、不违背它。

在周武王所处的那个时代，他能这般认识民意，实在难能可贵之

① 《尚书·泰誓上》。

② 《尚书·泰誓中》。

③ 《尚书·泰誓上》。

④ 《尚书·泰誓上》。

⑤ 《尚书·泰誓中》。

极。笔者把这一治国认识，看成是人类灵性第一次在中华民族祖先身上闪射的一道金光，应该不是无据之论。

可惜，一个爱民重德、高度重视民意的国君，在建立全国政权后仅两年就溘然长逝，离开了他亲手创建的西周王朝。周武王爱民重德的认识，为其后代儿孙治国提供了一个坚实的思想基础。提出治国要爱民重德这一重要思想，是他对西周王朝所做的一个不可磨灭的重大理论贡献。这是他去世后其儿孙连续两代治国出现天下大治局面的重要原因之一（西周国祚较长与周武王这一重大理论贡献也有一定关系）。

周武王姬发用武力推翻商朝缔造周朝，两年治国，提出爱民重德重要思想，全面推行分封制和井田制，使他成为中国上古时代对国家功德至伟、对后世留下深远影响的开国之君。周朝国祚延续了八百多年。他的儿孙有三十代共三十六人相继或辈分交错任国王。这在世界奴隶社会和封建社会历史上都是绝无仅有的。也许是因为他的建国、治国作为，也许是因为周朝比较长久的国祚，也许二者兼而有之，也许凡中国帝王建国、治国都离不开武力，后世中国历代封建帝王的谥号（皇帝死后本朝或新建朝廷给他立的寓有褒贬之意的称号）中大多都对周武王这个称号中的“武”字情有独钟。周以后中国统一和分裂时期共出现了六十多个开国之君，其中约有三分之二的人谥号中有“武”字；这六十多个开国之君之后的近三百个守成之主的谥号中，有六十多个也用了“武”字，占百分之二十以上。尤其是北宋、南宋、明、清四朝，差不多每任皇帝谥号中都少不了这个象征军事的代表武力、武功、武装、武威等的“武”字。（中国古代除帝王外，帝王直系亲贵和皇后以及爵位、品级较高的人死后，朝廷都给他立一个谥号。

立谥制，形成于西周中期。后世只有秦朝废除立谥，其他各朝都沿袭此制。谥号一般一二字，从武则天称帝后开始，谥号字数渐多，最长的达二十多字。另外，因中国古代农耕文明之故，汉至清，多数帝王谥号有“孝”字。）

二、西周的第二任国君周成王姬诵（武王子）和第三任国君周康王姬钊（武王孙）相继继位执政后，把武王爱民重德和重视民意的思想用于治国实践，认识上都有新的建树。

成王继位后，因有“制礼作乐”即创建礼乐制度、“以礼乐治国”（礼，是根据夏商以来社会上存在贫富分化、等级差别的现实，而对君臣、父子、兄弟、夫妇等人伦关系做出的尊卑贵贱和上下长幼的规定，以保社会秩序稳定；乐，是相应于礼的规定用音乐之声、歌舞之姿来调节人的情感，使卑贱下幼者求得心理上的平衡，以保社会不出现争斗的和谐）的名相周公姬旦（武王弟，其封地名叫周原，故称周公）摄政、辅佐，对关系民生的农业生产即对人民的利益开始引起重视，这是周武王爱民重德思想的必然扩展，是帝王治国实践中的一大进步。他说：“天惟丧殷（即殷商），若穑夫，予曷敢不终朕亩？”[①]即上天要灭亡商朝，就如同管理农务的官员，怎敢不完成我田里的农事呢？这句话，意在讲明周（原是商朝所辖属国）灭商的理由是执行上天的命令，他却以管理农务的穑夫不敢不完成周天子田里的农事打比喻，可见他对关系民生的农业生产的重要性已有明确的认识。

西周建立后，在继续推行前朝井田制的同时，对区域性的大片土地连同所属人民，实行分封领主占有制。土地领主占有制的国有性质，

① 《尚书·大诰》。

是指土地归国王及其王室所有，不具备现代国有性质。它是由原始社会土地等自然资源归氏族全体成员共同所有经夏、商两朝发展而来的。

土地领主占有制，就是国王把王室直接管理的区域（称王畿、内服）以外的全国土地和土地上居住的人民按“受民受疆土”原则分封给予国王有血缘关系的百官（其中有极少功臣和古帝王的后人），让他们在受封地域建立城邑邦国。百官中最高一等的诸侯（一般是国王子弟及其直系亲人）首先得到分封成为封国君主，各诸侯受封地域有大有小。各诸侯把领封到的土地和人民再不均等地分配给百官中的卿和大夫，卿和大夫有权把土地分给自己的臣属。百官中最末一等的士，是各级领主的家臣（士，武官，从东周中期开始，渐变为统治阶级中知识分子的通称），不能受封土地和人民。这些有大小官位得到不等量土地和农奴的百官，就是依受封区域的大小而按代序享有公、侯、伯、子、男等代表不同身份权力的爵位的领主即奴隶主。各级领主对从上一级领得的土地，只有占用权，没有所有权，不能买卖，只有国王和诸侯即封国国君有权增减、没收下一级领主的受封土地。各受封邦国和各级领主每年都要定期向周王室进贡财物。与土地领主占有制相应形成了西周社会严格的身份等级差别和权位嫡长子宗法世袭继承制度。从而也形成了西周社会管理意义上的封建宗法家长制国家形态。

西周首创的宗法继承制度，是对夏、商权位世袭继承制的重大完善和发展，是中国古代社会具体解决权力继承问题的一个重要制度。这个制度除清朝不坚持嫡长子继承皇位外，基本上被后世社会直至明朝的每个皇朝所沿袭，通行约三千年之久。概括表述一下这个制度，就是：财产、土地可以诸子分配继承，唯独权力只能由一个儿子接班继承。在一夫可有一妻多妾的社会条件下，西周把正配发妻生的儿子称为嫡子、“大宗”，把侧配妾妃生的儿子称为庶子、“小宗”。嫡子、庶子中，不论贤愚，只能由正配发妻所生的长子即嫡长子继承权力。如嫡长子早亡，由嫡长孙继承；如嫡长子无后，由嫡次子继承权力，以此类推。王权或后来的皇权这样确定由嫡长子继承后，其他嫡子和所有庶子就只能得到次一等称为公的权力爵位，他们的子孙再按代序依次得到称为侯、伯、子、男的权力爵位。爵位到后世逐渐演变成官位的品级（夏商两朝最高权位世袭继承的情况多是兄终弟继，也有子继，不分嫡庶）。王位、皇位由嫡长子继承，是为了避免王子们、皇子们为争夺最高权位而同室操戈。

井田制，是当时社会的一种公社所有制。奴隶主为多得农作物产品和便于考核奴隶勤懒，将自己占有的土地命奴隶平整、作埂、开沟形成许多阡陌纵横的如“井”字形的等面积和不相等面积的田块，驱使奴隶分块耕种（经历过合作耕种），其收获物作为国君给奴隶主的俸禄。奴隶主将其中一部分作为朝贡，献给国君及其王室。井田制与古代罗马奴隶社会的百分田法相类似，是我国当时社会存在过相当长一段时期的土地制度。

前面所述周成王那句比喻，是指农官穑夫不敢不把“朕亩”的农事任务完成，因为穑夫管理下的耕种业，只有让平民把“朕亩”做好才有衣食保障，即民生才有基本保障。

成王对国君的品德也开始有了认识。他说：“皇天无亲，惟德是辅。”[①] 即皇天没有亲人，不存在有什么亲情，它只辅佐贤德的人。人民心里没有固定不变的国君，他们只归顺惠爱人民的君主。他还说：

① 《尚书·蔡仲之命》。

"以公灭私，民其允怀。"① 意即以公心灭掉私心，人民就会真心归服。成王这两段话表明他认识到了国君的品德对于治国的极端重要性，那就是：天意只辅佐有贤德的国君，民意只归顺出以公心惠爱人民的国君。

成王在位三十七年。他亲政后，曾对叔父周公姬旦摄政时国内出现的一场叛乱（指商纣王之子与成王两个叔父勾结发动的叛乱）进行反思，在肯定平叛正确的同时也责备自己当时年少未能处理好与两个叔父的关系，即司马迁所说的"推己惩艾"。② 据此，他应是我国有明确记载的对民生民意有了明确认识以后公开承担治国过错的第一位国王。

三、周康王则是最先提出改革思想的国君。他根据周朝建立到他继位几十年来民生民意发展变化的情况，开始认识到改革旧制陈规对于治国的必要性和重要性。他在继位后的第十二年说："道有升降，政由俗革。"③ 意即为政随民俗变化而改革，世道就兴盛；不改革，就衰落。这是一个非常重要的治国思想，是周康王守成治国的一个重大理论贡献。

成王、康王两代治国的六十多年间，西周王朝国力强大，天下安定，其中四十多年监狱空闲，社会经济、文化都有较大发展，史称"成康之治"。这是我国当时国家治理得最好的一段时光。

四、西周传到第五代周穆王姬满时，国势继其父昭王时开始的衰弱愈益明显，穆王说他继位后的心情是"心之忧危，若蹈虎尾，涉于

① 《尚书·周官》。

② 《史记·乐书》。

③ 《尚书·毕命》。

春冰”。[1] 他听了大臣甫侯报告当时“诸侯有不睦”的情况后，为了加强西周王室的统治，他命朝廷参照《禹刑》和《汤刑》制定了一部有三千条款的法典，叫《甫刑》，这是我国历史上集夏、商两朝法制之大成的第一部成文法典。

据西晋初地下发掘出土的古书《周王游行》即今文《穆天子传》记载，穆王曾历时两年搞了一次旅行式的西巡，与西方民族开始了外交活动，往返行程约三万五千华里。据此，他应是我国第一个搞远程巡游和远程外交的国君。

西周传到从第十任国君执政期间的“共和”元年起，此后中国有准确年代记载的历史就是以当时的文字记载为据的。比如，第一件重大治国史实，就是第十一任国王周宣王执政（公元前 828 年—公元前 782 年）时，由于他励精图治，出现了疆土扩展，周室复振的“宣王中兴”，历时四十六年。

五、西周开国之君周武王执掌全国政权之初，从延续了约六百年的商朝在一场大战中就被他所率比商军人数少好多倍的周军灭掉的事实中，除得出民意人心重要、国君要爱民的认识外，面对比原地处西北的周邦国大了许多倍的辽阔国土，还想到要用一种管理方式来长久维持新建王朝的统治。于是，他和姬旦参照商朝对部族首领分封邦国的做法和周灭商前其父周文王在周邦国内也搞过分封的经验，全面实行对王室子弟和功臣的分封制，让受封的人到各自被封地域建立诸侯国以作为周王朝统治的藩屏。这就是通常所谓的封建，即封土建国。封土，就是标明地域界限。建国，就是在受封地域内选一地筑城建都

---

① 《尚书·君牙》。

邑作为政治中心，每个都邑所辖地域和居民就成为周王室的一个邦国。

西周封土建国后，据《左传》载，内部有七十一个较大的分封诸侯国存在（包括小诸侯国有千个以上，史称“八百诸侯”），初期有利社会稳定和经济发展，发挥了巩固、维护新生的西周王朝政权的重大作用，使西周国君享有“溥天之下，莫非王土；率土之滨，莫非王臣”[①]的天子尊荣。但随后就逐渐显露出不利王朝长久统治的弊端。经过相传十二个国王约三四百年，西周王室对各诸侯国的权力失去控制，诸侯国间的兼并战争时有发生。到周平王迁都建立东周后，社会进入一个大动乱时代，据《左传》记载，当时国内还存在的大小一百四十多个分封诸侯国彼此经常进行规模越来越大、死伤越来越惨重的兼并战争（大型的兼并战争往往一次战役就死伤数万人以至几十万人，如秦赵长平之战持续三年之久，最后秦军获胜，把赵军四十多万俘虏全部活埋）。

东周历时五百五十来年。历史上把东周所历的这五个半世纪又基本各半地分为春秋和战国两个时期。

第三节　春秋战国时期的各国变法和孔子的儒学思想

一、春秋战国时期（公元前770年—公元前221年）各大小诸侯国都处在生死存亡的激烈竞争环境中，各诸侯国都在承认东周王室有名义上的宗主地位、不反对东周王朝和在礼仪上尊敬东周天子的旗号下，力求治国得法，使自己强大，因而在治国的认识及其举措方面都

① 《诗经·北山》。

有较快、较大的发展。特别是其中春秋时的鲁国和先后强大的齐、晋、秦、楚、吴五个出现霸主（齐桓公、晋文公、秦穆公、楚庄王、吴王阖闾，史称春秋“五霸”，宋襄公图霸未成，越王勾践称霸已是战国时期）的诸侯国和地方政权（楚、吴不属周朝分封的诸侯国，是与诸侯国地位相等的地方政权，所以其国君称王）所进行的改革，以及两百多年后战国时在所剩二十多个诸侯国中形成的“七雄”（齐、魏、赵、韩、燕、楚、秦七国）所进行的更深入的改革（通常称变法），其成功、失败和反复，都很典型，各有特色。比如：

春秋时鲁国于公元前594年最先开始变革，承认土地私有合法（尚未用法律明文规定），实行“初税亩”（按田亩面积征税）的田税制度。从此，公田、私田一律按面积向鲁国诸侯王室缴纳田税。鲁国的改革历经五六十年，到公元前537年全面完成。中国第一次在一个诸侯国鲁国内出现了封建地主阶级和农民阶级。

春秋“五霸”中最先称霸的齐国国君齐桓公任用管仲为相推行政治、经济、军事等方面的改革，使齐国成为当时世界上与其同时代的古希腊同样闪亮的一个诸侯国。①

战国时各国普遍兴起变法。首先是魏国于公元前406年任用法家代表人物李悝为国相，明文立法保护私有财产。这一开历史先河之举是以李悝所著中国古代比较系统的成文法典《法经》为理论依据而进行的。

接着，七国中疆域最大的楚国任用吴起变法，也像魏国一样强大起来。在鲁国实行“初税亩”制度后约二百四十年、魏国变法后约

① 《光明日报》2003年7月22日第3版《春秋战国时期齐国昌盛探源》一文。

五十年，地处西北的秦国于公元前356年重用法家人物商鞅，按其“治世不一道，便国不必法古”[①]的进步思想实行“重耕战，图富强”的变法，也“废井田，开阡陌”实行土地私有化。从此秦国国内也形成了地主和农民两大阶级并走向强大。二十年后，商鞅被反对变法的奴隶主贵族保守势力杀死后车裂（五马分尸），其全家人都遭杀害。秦国变法出现反复，但“商鞅虽死，秦法未败”。

以上所述春秋战国时期，各大小诸侯国以变法为主要内容和特征的治国作为，都为如何治理国家积累了大量宝贵的经验和教训。笔者本书只述写历代帝王的治国理念的发展过程，对受封诸侯国君（包括从战国中期开始先后不再称公而称王的“七雄”国君）的治国理念不作述评。

二、这里值得一提的是春秋时最先冲击当时生产关系的鲁国昌平乡陬邑（今山东省曲阜市境内）出生的孔子及其儒学思想。

孔子（公元前551年—公元前479年；子，古代对成年男性的尊称）名丘，字仲尼，出身低微（因家境贫困而自己又有学问，奴隶主贵族季氏用他做家臣，看仓库、计算账目和管理畜牧）。他个子很高，“人皆谓之‘长人’而异之”[②]。孔丘好学肯思，早年已有博学名声，后半生很有救世抱负。鲁国在春秋战乱频仍中遭受破坏较少，最完整地保存了西周王朝的诏令、法规和礼仪等文化遗产。这是孔子通过书本和实践的学习形成他的思想的一个重要环境条件。由于他出生、成长在鲁国改革期间，当时鲁国私田越来越多、最先形成封建生产关系的现实，对他的思想产生了重要影响。这使他在文化教育（“有教无

① 《史记·商君列传》。

② 《史记·孔子世家》。

类”“诲人不倦”等)、思想道德(“己所不欲,勿施于人”、孝敬长辈等)、治国理政(“政在选臣”“欲而不贪”、反对苛政、“政是以和”、实行仁政和礼乐德政等)和做人立身处世等多方面都有不少适应时代要求的论述,也使他对私田日多、土地正在私有化会导致社会变成什么样子而忧心忡忡。

孔子

孔子过了五十岁才得以从政,在鲁国做中都地方长官,任职一年就很有政绩,很快升官做到鲁国大司寇(参与国家大政方针决策的高官)“行摄相事”,他上任刚七天就杀了扰乱鲁国政事的大夫少正卯(这位“鲁大夫乱政者少正卯”很可能是因为与孔子政见不同、主张变法而被行摄相权的孔子杀害的)。孔子“与闻国政”即执权仅三个月,民风整肃,都按礼乐制度行事。可鲁定公不是孔子心目中所希望的国君,他中了邻国齐国的女色计(齐国担心鲁国会因孔子执权而强大称霸所施),开始迷恋女色、荒废政事,加上鲁定公在有一年的春祭中违背了周礼,这使孔子对鲁定公不再寄予希望。而当时鲁国的季孙氏权势集团也觉得孔子已没有什么利用价值了,开始对他冷落。于是他当了三四年大司寇后就毅然弃职,很失望地离开了鲁国,去周游列国(战国“游说”之风从春秋末期的他开始),看自己是否有碰到明君的运气，他到了十几个大小诸侯国，宣传他的政治主张十四年。十四年内，他运气不再，心愿终未实现。春秋战国之际，各诸侯国都非常重视引进人才，孔子本是个人才，可由于他对当时各国以承认土地私有为主要内容的变法持有不同政见，其曾在鲁国短暂地见到了成效的坚持周礼、以复古为革新的政治主张越来越不合时宜，因而终不被各国赏识，更不可能像十四年以前的鲁定公那样重用他。即使他游说无果仍对自己的理想、主张和才能坚信不疑，并自信地说："苟有用我者，期月而已，三年有成。"[①] 但也无济于事。孔子此话意即倘若有某国君能用我掌理朝政，我一年时间就可以把国家治理出个样子，三年便有成果了。十四年以前，他在鲁国也的确是如此，可十四年来的形势已经大变，今非昔比，此一时，彼一时了。

仕途无望，抱负难展，一向"乐以忘忧，不知老之将至"的孔丘此时已经是一个六十八岁的老头子了，他转而首破当时只有贵族弟子才能入校接受教育之例，继续干他三十岁左右曾招收过学生门徒的事业，专心致力兴办民间教育，把他的学识和思想传授给青年一代（相传他的学生弟子先后多达三千余人）。

对当时土地由国王所有、分封给各级领主占有转变为新型地主阶级私有这一本属社会前进的发展趋势，孔子始终没有清醒地认识到。他认为这是世道在"礼崩乐坏"，在由正变邪，因而总是"闵（忧伤）王路废而邪道兴"。于是，他整理编订了四本的古老书籍，即《周易》《诗经》《礼记》和《春秋》（鲁国史）。通过宣扬古代的制度和文化特别是鲁国的历史隐晦地表现他的政治思想。这四本书和近代多数学者

① 《史记·孔子世家》。

认为编订于战国时期的《尚书》，总称《五经》，是我国古代宝贵的文化遗产。孔子一生没有任何个人著作，他自我表明是“述而不作”。但他编订的上述四本书和他的学生弟子整理编写的他的言论集《论语》（我国第一部个人言论录即语录），是他对中国文化的一大历史功绩。

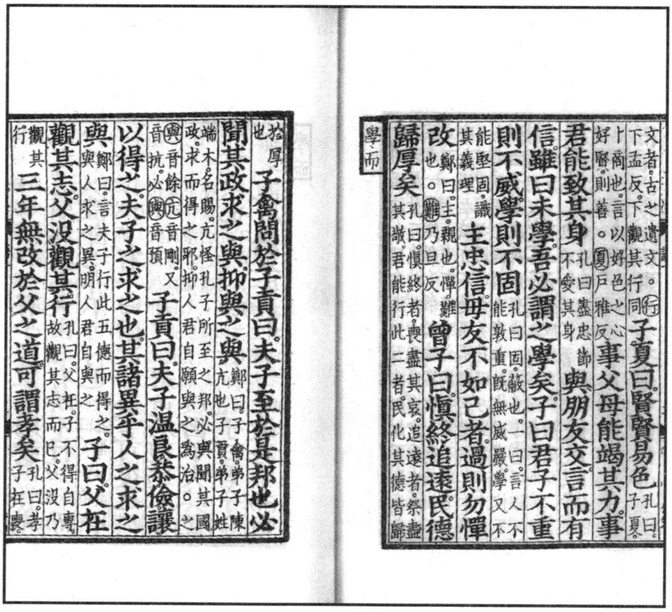
學而
子夏曰賢賢易色事父母能竭其力事君能致其身與朋友交言而有信雖曰未學吾必謂之學矣子曰君子不重則不威學則不固主忠信毋友不如己者過則勿憚改曾子曰慎終追遠民德歸厚矣
子禽問於子貢曰夫子至於是邦也必聞其政求之與抑與之與子貢曰夫子溫良恭儉讓以得之夫子之求之也其諸異乎人之求之與子曰父在觀其志父沒觀其行三年無改於父之道可謂孝矣

论语

总之，由于孔子对西周社会遗留的各种文献有深入的研究，在当时社会正在发生质的转变的大气候下，他总认为这种转变的气候有些异常，身处其中，怎么也觉得不适应，因而往往表现出对实行土地“国有”的西周初期出现“成康之治”那样的社会景象有相当程度的慕恋和向往。他的政治目光投向过去，向后看，他的政治思想跟不上时代的步伐，落后于时代以至终于与时代相悖。这之后，他曾表明自己的政治态度是“吾从周”，曾多次强调他“为国以礼”和“克己复礼”的“礼治”政治主张，他还曾因看不到坚持土地国有的周公姬旦再世即“不复梦见周公”而叹息。他尤其看不惯相应于主要生产资料土地合法私有导致人们表现出越加为私、为己的思想和行为而向往原始社会发出了“天下为公”[①]的呐喊。面对如滔滔洪水奔涌向前的现实社会与他思想上的理想社会距离越来越远，孔子甚感无奈，他的思想就一直处在痛苦、失望和悲哀的状态之中，尽管他因晚年从事教育事业有成而声望大增、衣食高档、得享尊荣（这与他的不少学生后来仕途发达对他大力宣传颂扬有很大关系）。从上述种种史料看来，可以说，被华夏民族称誉为我国古代大思想家、大教育家的孔子在政治上又是一个有相当理政才干但书生气太多因而对当时社会发展时务判断不准的忧国忧民的典型人物。但他向往“天下为公”和“大同世界”的不少有关治国理政的思想和主张以及他从事教育的许多有关道德修养的思想和观点，对后世社会有着普遍的、久远的、积极的教导作用。

孔子在他所处的时代形成的学术思想（包括政治思想和教育思想等）使他成为春秋时期意识形态领域道家、墨家、法家、兵家、纵横家等许多学术派别中既有适应时代要求积极一面又有崇古守旧消极一面的儒家学派的创始人。孔子的学术思想即儒学思想经后人补充发展成为后来中国封建社会的主体思想即儒家思想。

三、春秋时期我国奴隶社会开始向封建社会转变进化。促成这一转化的是在商朝、西周使用牛耕的基础上，铁器于春秋战国之际的开始广泛使用。从西周后期起，铁制工具用于农业生产，使民间开垦的私田数量超过了“井”形公田，并随之出现“公田不治”现象，加上奴隶主统治阶级为防止农奴逃跑将井田出租而改变剥削方式，从而导致西周社会的经济基础——领主土地占有制和井田制即土地“国有”

① 《礼记·礼运》。

制走向了崩溃。

在以农耕经济为主的古代中国，社会经济基础的崩溃经过了历时数百年的漫长过程。在这个过程中，始终充满了坚持土地国有和主张土地私有即“公田”与“私田”之争。究其公私之争漫长的原因，主要有二：

一是当时农业生产力水平极为低下，土地和主要农业生产工具等生产资料及农奴归奴隶主所占有，农奴无法凭单个劳力和简单生产工具离开奴隶主的领封土地井田而开垦私田求取生存。

二是自夏、商、西周所历一千几百年以来的土地“国有”制即国王所有制在人们头脑中形成的“公田”观念十分牢固。

第三章　秦启新篇

战国、秦——公元前475年至公元前206年，计269年

第一节　秦始皇创建大一统的国家治理模式

创建全国大一统中央集权的政权模式是对中国封建社会的一个既重大而又突出的贡献。

严重忽视了治国要处理好维持统治和发展经济两者之间关系的第一个封建皇帝。

从东周的后半期战国开始，西周以来社会上由国王分配而占有土地的领主和其同时占有的农奴分别转变成有土地所有权的封建地主和没有土地或拥有小块土地的农民两大阶级，中国社会的封建生产关系逐渐产生和确立。这是中国社会主要通过变法而完成的一次社会制度的转型。（转型后的封建社会阶段也称中古时代，此前为上古时代。）

一、战国“七雄”中的秦国，自嬴政执掌国政起，凭借商鞅变法

后在一百三十多年里小农私有经济迅猛发展所形成、积累的强大经济、军事实力，广泛接纳、重用天下文武人才，继续实施“远交近攻”和以“连横”对“合纵”等军事、外交策略，使用贿赂收买、挑拨离间等手段，最后以武力用十年时间先后灭掉与其并存的六国，战国时期结束（早已失去宗主地位只作为分裂成两个小国存在的东周王室，已先后于公元前256年和公元前249年即嬴政继秦王位之前九年最终被秦国所灭。嬴政继王位前，六国军事上的部分主力也已被秦国所灭）。公元前221年，我国第一个封建皇朝秦朝建立。这个划时代的统一皇朝的开国之君，就是新兴的地主阶级总代表、我国全新的国家第一位政治风流人物嬴政（公元前259年—公元前210年）。

二、嬴政把自己实现全国统一的胜利归于天命和祖宗神灵。他吸取夏商两朝都被分封邦国推翻取代、西周把分封制度化结果导致周王室失去权力控制因而至东周国内兼并战争长期不断的历史教训，依据战国末期著名法家代表人物韩非关于君主统治术、法、势的理论，毅然抛弃分封制而按新的思路进行政治制度的创新——实行以君主专制为特征的全国大一统中央集权制的政治制度，这一政治制度的含义就是：国家最高权力由君主一人独掌，众臣必须服从君主；国家行政权力集中于中央，

秦始皇

地方必须服从中央。这是他治国的首创之举，也是他治国的高明之处，具有重大的政治意义和深远的历史意义。

他用以保证实行这一政治制度的措施有两条，也是历史上没有借鉴的：

一是建立封建朝廷即建立一套帝制（即君主专制）中央行政机构。首先，定国君称号。他综合朝廷大臣们讨论的意见，一改自夏、商、周约两千年以来国君的传统称号，不再称元后和王（王，易于混同商、周地方诸侯国王的称号，更不足取），而是根据传说把自古以来人们最崇拜的天皇、地皇、泰皇“三皇”中的“皇”字与原始社会末期最著名的轩辕、颛顼、帝喾、尧、舜“五帝”中的“帝”字结合，叫“皇帝”（此“五帝”是以《史记》为据）。皇帝这个国君称号从他开始，他就叫始皇帝。其次，他下令用玉石雕刻象征皇权的印鉴即玉玺，上刻八字：“受命于天，既寿永昌”。再次，建官制。皇帝之下设三个统领朝政的大臣即丞相（有左右丞相之分）、太尉和御史大夫，分别履行总管全国政务、统领全国军事和监督百官及从事文秘的职责。三大臣皆听命于皇帝一人，“天下之事，无大小，皆决于上”[①]。三大臣之下，设九个行政部门长官，具体掌管国家各方面政务事项。这一治国理政的帝制中央行政机构，被以后各封建皇朝沿用直到隋朝之前，经隋朝完善再被沿用至清朝（汉朝起称这一中央官制为“三公九卿”制），皇帝作为国君称号则沿用到被二十世纪我国新民主主义革命浪潮淹没为止。

二是在大一统全国范围内，从内地到边区建立完善的地方郡县

① 《史记·秦始皇本纪》。

制（秦国在商鞅变法时已实行郡县制度，春秋战国时期其他各国先后在边远地区建立过不完善的郡县二级地方行政机构），把全国划分为三十六郡，后增划至四十余郡。郡下设县，县下设乡，乡下设里，里以下编十户称什，五户叫伍。在城镇和农村的交通要道处还设置了管理地方治安的机构——亭。郡县长官由皇帝任命，不准世袭。由于秦始皇帝（通常称秦始皇）果断决策秦朝不搞对皇室子弟和功臣的分封，因此秦朝地方上只有郡县政权而不存在先秦社会自理一方、可以得势而称霸称雄的诸侯国政权。秦朝完善的郡县行政区划制度，基本上为后世各皇朝所沿袭。

秦始皇创建全国大一统中央集权的帝制即君主专制政权，是他对如何统治管理封建国家的一个既重大而又突出的贡献。欧洲古希腊主要是以若干分散独立的城邦国家各自为政的形式度过封建社会阶段的，秦始皇则为中国开创了一个典型的东方大一统中央集权的君主专制政权模式。历史证明，这一政权模式以君主独裁为特征的专制性，虽然总是导致封建统治阶级与被统治阶级矛盾周而复始的激化而出现如农民起义那样与统治阶级你死我活的武装流血斗争，或者统治阶级内部为争夺国家最高权力（皇权和皇位继承权）而出现如军事或宫廷的政变，或者皇室姻亲即外戚和侍候皇帝日常生活的宫廷宦官操纵朝政，或者形成封建官场诸如贪贿腐败、唯上谄媚、趋炎附势、结党倾轧、裙带关系、尔虞我诈和虚假伪善等种种恶习，而致使人才被排挤冤杀或废弃埋没，等等；但是，这一政权模式以中央集权为特征的大一统性，却有效地避免了地方政权治内对外各自为政、面对自然灾害彼此以邻为壑和相互乘机攻战兼并的弊端。这在“农业是‘整个古代世界的决定性的生产部门’”[①]的历史条件下，很适合以农业为主、以农村小农经济为基础的中国封建社会生产力的发展，以至中国封建社会能够延续两千多年并在前期、中期和后期都好几次出现过国力超过亚洲乃至世界各国的兴盛发达的“大治之世”。

关于是否仿前朝周王室再行分封的问题，秦朝建立之初，朝廷内部认识很不一致，争论激烈。以首任丞相王绾为代表的群臣都主张实行已历商周一千四百多年的分封制，把秦始皇二十多个儿子都封为诸侯王镇守四方以卫皇室。唯独当时任廷尉（执掌刑狱司法）的李斯（楚国人，入秦献计有大功，后官至左丞相）反驳分封，主张实行郡县制。秦始皇则以远见卓识肯定了李斯一个人反对分封的意见，明确表态说：“天下共苦战斗不休，以有侯王。赖宗庙，天下初定，又复立国，是树兵也。而求其宁息，岂不难哉？廷尉议是。”[②]秦始皇这段话，一针见血地指出了那时天下战乱不止的根本原因是有诸侯王国的存在，认为再行封邦建国，就是制造战争。这表明他对春秋战国以来延续了五百多年的国内诸侯国之间相互激烈、残酷的兼并战争十分痛恨，希望天下从他建立的秦朝开始千秋万代永远安宁太平。这也是他实行全国大一统中央集权采取专制统治的直接原因。只是他以前的历史上虽有战国时期农民对地主的反抗，但基本上还没有发生过国内农民起义性质的战争，他也就没有如何防止秦皇朝内出现农民起义战争的认识。

三、秦始皇嬴政十三岁继王位，年少就享法定的尊荣，在严酷的诸侯国相互兼并攻战的环境中和宫廷权力斗争的政治背景下成长。他二十一岁亲政前后，两年内就平定了其弟成蟜发动的兵变，接着又铲

① 《马克思恩格斯选集》第四卷，人民出版社 1972 年版，第 145 页。

② 《史记·秦始皇本纪》。

除了把持朝政的嫪毐（lào ǎi，军事将领）和吕不韦（丞相）两大妨碍他施展抱负的政敌及其党羽、门客和亲族。此后他用八年时间巩固权威，使臣民对他刮目相看，在亲政的实践中，积累理政经验、提高统治本领，并做好向东扩展疆土的各种准备。从公元前230年开始，他的雄才大略在扫灭六国的统一战争中进一步发挥。他三十八岁时一统“七雄”，成为全国最高统治者，改“命”和“令”为“制”和“诏”，自称为“朕”，天下从此定于一尊。

秦朝建立，天下一统，特别是“兵革不休”“流血满野”的战乱成为过去，人民不再承受长达五个多世纪的兼并战争给其祖祖辈辈带来的种种痛苦，民意振奋，令行禁止，全国充满生机和朝气。“天下之士，斐然向风”（西汉贾谊语），和“人人自以为更生”（西汉严安语），实属当时政治形势及人们精神面貌的真实写照。秦始皇为了他亲手创建的大一统新皇朝永远立于不败，借鉴秦国历史上用商鞅的法家思想变法而强大的经验，决定“改法为律”制定成文律令，以法家思想治国即“事皆决于法”。他在位执掌皇权十一年多，主要特点是：

1. 开拓进取，不崇古守旧。如在全国彻底废弃井田制，破天荒在一个统一大国内从法律上肯定土地私有制并将土地载入户籍。

2. 勤政有为，不丧志怠惰。如在全国统一法律、货币、文字、车轨、度量衡等，这许多的大小政务，他都夜以继日地亲自处理。

3. 威武不屈，坚决保卫国家。如抗击匈奴（匈奴，我国北方蒙古草原上的古代游牧民族，其军队常南下犯边掠夺财物），把它驱逐到以前赵国所筑长城以北。接着又攻取岭南，进军征服东南和西南等当时还基本上处于氏族社会状态的广大地区（当时统称分布居住在长江下游和东南沿海以及西南一带的各民族为“百越”），统一了包括今云、贵、川、浙、闽、粤在内的整个南方，使之与中原地区成为一个整体，为形成一个多民族的大中华奠定了框架性基础。

4. 首创盐铁官营，增大国家财力。盐和铁，是人民生活和生产不可或缺而当时又最为紧缺的重要物资。秦始皇决定把盐铁的生产、经营权由民间私营收归官府专营，同时又向人民加征田税和口赋。史载“田租口赋盐铁之利二十倍于古”，可见新生的秦朝政府获得了丰厚的财政收入，具有强大的经济实力。这为秦朝攻匈奴、拓疆土、修长城、建宫殿、造陵墓等提供了财力保证。

一生征服欲望极强、创造性思维活跃的秦始皇，在完成统一大业前后十几年时间里，都表现出他有非凡的执政魄力和谋略，有高超的政治手腕和智慧，总是敢作敢为、一往直前，接连做了不少前人没有做过的大事。他是一个真正“雄心震山岳，壮志冲云霄”的历史人物。的确是“千古一帝”（明朝进步思想家李贽语）。

这位“千古一帝”的外表形象如何呢？只有司马迁在秦始皇死后一百二十来年所著的《史记·秦始皇本纪》中给后人留下了九个字的记载，即“蜂准，长目，鸷鸟膺，豺声。”意思是秦始皇的鼻梁少肉又高又狭，像黄蜂鼻一样，眼角很长，胸骨像鸷鸟胸一般向前凸起，说话发声有嚎吼之音，如豺狼叫似的（这是秦始皇青壮年时代当秦王时，受他器重的一个游说谋士私下对人说的话）。秦始皇音容奇特，创建我国第一个大一统封建皇朝的功业也实属奇伟，然而，有奇特音容和奇伟建国功业的他，不懂得自己的统一六国之战和手握皇权后初期的种种治国统一举措之所以能获得成功，是因为他客观上顺应了时势即符合当时的人心、民意所致。他只以为这是上天和自家宗庙赋予他的个人力量使然，即历史之所以发生改变，是因为有他这个英雄人物的存在。因此，他原本清醒的能兼听朝臣各种意见的头脑被巨大的胜利所冲昏，思想开始飘飘然而脱离实际以至目空一切，以为自己“德兼三皇，功过五帝”。这样，他个人品质中傲慢自负、跋扈专横、凶暴寡恩等缺陷就充分暴露出来，严重影响了他对治国的认识，使他的治国思想在建立大一统中央集权的政治制度和郡县行政体制后很快就偏离了正确的轨道。他在建国后虽然出于军事目的采取了一些以关中地区为重点的发展经济的措施（如重农抑商、令“黔首自实田”、鼓励移民到边区垦荒、兴修灵渠等水利工程和交通道路等），但他没有把发展经济作为治国的首要任务，思想上总认为自己功德无量，因而理应享受人间的荣华、尊贵和美色（征用七十多万民工修建阿房宫等许多豪华宫室，集天下美女万人以上于皇宫），并且死后还应继续享受（称始皇帝后的第十年就大修其身后陵墓，动工是按惯例在他即秦王位后开始的），甚至自己应该长生不老（几次派徐福等人寻找神仙求长生仙药，真是“当了皇帝想成仙” ）。他从建立秦朝第二年起，就先后五次巡游全国显示他的尊贵，炫耀他的功绩（对上天通过登泰山封禅祭告，对天下百姓通过多处刻碑标榜），同时宣扬秦法、皇威。目的是威慑原六国不甘心失去权位的贵族残余势力，同时，企图以此慑服人民，使之任其役使并世世代代敬畏、恭顺、服从他及其子孙皇帝的统治。

四、在上述偏离治国正确轨道的思想指导下，秦始皇始终主要任用新兴地主阶级中的军功地主掌握国家各级政权，始终不能改变以杀立威、过分崇尚军事武力和严刑峻法的观念，总习惯以对待六国敌对势力的心态和运用严酷、暴烈、残忍的手段对待臣民，而把建立全新的大一统封建政权之后当时本来极为复杂的治国事宜尤其是其中的发展经济看得过于容易和简单。他没有注意到人民在国家统一的愿望终于得以实现后改善生活状况、提高生活水平的迫切要求，思想上严重忽视了发展有利民生的经济对于稳定社会、巩固政权的至关重要性，更没有料到得到从法律上承认和保护土地私有好处的广大农民会有群起反抗他所建皇朝统治的可能。他片面地以为只要国内再不存在诸侯国间的战争，社会就必定永久稳定太平。秦皇朝也就必定江山永固。

秦始皇的以上认识和观念，现在看来，当然是错误的。但是，封建制大一统国家从他缔造才开始，他没有治理这样一个新型国家的经验和教训可以借鉴。就是说，他的治国认识和观念不可避免地要受时代的局限。正因为这种局限，使他不能认识到维持统治与发展经济的辩证关系，用现代的话说，就是使他治国没有在处理稳定和发展二者关系的问题上下功夫。对这一点，我们只能看成是秦始皇治国留给后人的最大遗憾。其次，他重军功轻文治，恃力不恃德，实行苛政、急政、暴政、维护奴隶制残余（官府和地主、富家大户存在大量奴隶）、大兴土木、既超负荷地役使民力又使非生产性投资过大等，也是其治国的一系列重大失误。

五、秦始皇的治国思想偏离正确轨道后，就只注重内防原六国复辟、外御匈奴入侵两大问题，因而他治国也就只从控制人民思想和加强对内对外的军事防范角度在保持稳定安宁方面下功夫。比如：

1. 禁止私办教育，烧掉原六国史书和宣扬复古思想的儒家书籍，不让人民懂得除《秦律》《秦记》、卜筮、医药和农书以外的各种文化知识，并杀掉了一批（四百六十多人）厚古薄今的儒家知识分子即焚书坑儒以控制人民的思想。笔者认为，秦始皇重武毁文，尤其是烧掉史书，是割断历史的行为，这就不自觉地堵截了新兴的地主统治阶级“以史为鉴”即以注重民生、发展经济文化事业为鉴治理国家的认识。

这给秦皇朝埋下了祸根，或者用现代话说，给皇朝大厦埋下了定时炸弹。

2. 搜查、销毁民间兵器，撤除原六国所建城防等军事设施，并把“天下富豪”十二万户迁居都城咸阳，使他们难以被原六国贵族残余势力利用、结合而危及秦朝政权。

3. 为防止原六国贵族残余势力死灰复燃，在军事部署上，他把秦国原有军队集中在秦国本土上，各地只有少数地方兵驻守。秦朝建立后第二年，他就下令大修通往原六国、道宽五十步、道旁植树的“驰道”，以便皇帝巡行各地和秦军迅速赶赴出现叛乱的地区加以剿灭平定。几年后他又下令修建了一条直通北方边境、全长约七百公里的“直道”，以便及时抗击匈奴。

4. 先后七次从中原地区移民十多万户到北方实边和到咸阳附近服建筑劳役，并以空前的大量民力、财力修筑（包括联结战国时北方已有的旧长城）万里长城以保障国家安全。秦始皇命蒙恬主持修筑的万里长城，是我国历史上最大的军事防御工程。

秦始皇以为自己下这样大的功夫治国，就可以使秦朝江山固若金汤，就可以使他的家天下世代永久维持。他在取得统一大业之初，就不无自信地说过：“自今已来（后）……朕为始皇帝，后世以计数，二世三世至于万世，传之无穷。”[①] 他创新国家政治制度和行政体制，采取上述治国措施，主观上都是为了其皇位万世“传之无穷”。可是，结果和秦始皇的主观愿望恰恰相反。由于他偏离了治国正确轨道的指导思想与国家统一后民生、民意的客观现实相违背，沉重的赋税（《史

① 《史记·秦始皇本纪》。

记》载占农民年收获的百分之六十左右）、兵役和劳役（服兵役和劳役的青壮年人数据范文澜考证占到全国总人口的百分之十五，《汉书·食货志》记载“力役三十倍于古”）负担和残酷的刑法使广大人民男不得耕，女不得织，最基本的经济利益和起码的人身自由失去保障，无法生存、生活下去，即民生状况极为困苦，“天下共苦秦朝恶政”，到了不堪忍受的地步，致使全国民怨沸腾，人心思反，“欲为乱者，十室而八”。在这种情势下，秦始皇仍以严刑峻法实行残酷的镇压，结果把全国变成了“赭衣（罪犯）塞路，囹圄（囚牢）成市”的大监狱。所以，秦始皇在巡游途中病逝的次年（公元前209年），也就是秦二世嬴胡亥（秦始皇次子）在赵高（“通于狱法”、教胡亥法律知识的朝廷臣僚，任过主管乘舆的中车府令、郎中令、丞相等职）的阴谋策划下继位的第二年，就爆发了佣耕雇农陈胜和贫苦农民吴广率先揭竿而起的全国性农民大起义。

秦二世嬴胡亥只知道追求个人享乐，刚一继位就说：“欲悉耳目之所好，穷心志之所乐。”① 他以“税民深者为明吏”，以“杀人众者为忠臣”②，使地主统治阶级和广大农民的矛盾进一步激化。他在位仅三年多，被指鹿为马的赵高逼迫自杀身亡。秦始皇孙嬴子婴继位为秦王，他杀掉奸臣赵高，在位仅四十六天便向刘邦投降。

有严重英雄史观的秦始皇想万世而存的秦朝在农民起义和原六国遗族乘机复辟两股势力冲击下灭亡了，它在中国历史上只短暂地存在了一十五年。秦“二世而亡”，一统江山，轰然倒塌。自夏商周以来，史无前例。

---

① 转引自中央政策研究室哲学历史局《史论十三篇》。

② 《史记·李斯列传》。

第二节 秦皇朝急速败亡的根本原因

“秦王扫六合，虎视何雄哉！”[①]称帝前的秦王嬴政指挥秦军以何等虎威般气势并吞六国，雄视环宇，实现了天下大一统、国内再也没有分封诸侯彼此兼并战争的秦皇朝出乎秦始皇生前意料地在他死后才一年就突然急速走向败亡，连衰弱的过程都看不到甚至没有。这一以无数人流血征战为主要代价好不容易得到的江山很快就失去的史实，引起后世人们对治国问题无尽的思考，真是发人深思。

一、秦朝速亡，究其原因，除与秦二世在位三年多变本加厉地横征暴敛和屠杀政策有关外，当然就只与秦始皇在位十一年多治国的前述过错和失误有关。因此，秦始皇建国尤其是治国的功绩也就往往不被许多后世史家所看重甚至被抹杀。比如对他首创的大一统国家政权模式，多数史家就只承认它有利维护统治，而没有看到其实质是有利于以农立国的中国古代经济的发展。其中一些对秦始皇焚书坑儒抱有历史成见的儒学史家，往往避言秦始皇之功，只抓住他的治国过错或过分渲染或夸大其词或添油加醋予以丑化，极尽笔端泄愤之能事。尽管这迎合了人民对秦始皇实行严刑苛法的暴政所产生的恶感，但这仍然是不如实的，更是有失公正的。

秦始皇作为新兴的地主阶级总代表，对自己所属阶级本性中的私欲、残忍和贪暴没有任何收敛，因而治国确有不少失掉民心的过错，其中最大的过错，是没有运用本来适合发展封建经济的大一统中央集

---

① 李白《古风》。

权的国家政权发展有利民生的经济以改善民生状况。他只注重满足对土地、财物具有极大贪欲的军功地主们的利益要求，放纵他们的贪婪和残暴，并且还“尊奖兼并之人”[①]，致使社会贫富悬殊严重，“富者田连阡陌，贫者无立锥之地”[②]。许多农民失去赖以生存的土地，只得“与人佣耕”，生活饥寒困苦；而靠兼并土地越来越富有的地主们则横行乡里，“荒淫越制”。于是，人心、民意当然就普遍“欲为乱”以求变了。以上所述秦始皇治国的最大过错也就是导致秦朝急速败亡的根本原因。

这里，笔者就秦亡根本原因的以上理论表述再具体说一下：

在封建社会的主体生产关系即经济基础中，国家对农村的主要生产资料——土地，实行私有制度。当时社会的生产力状况（即生产力水平），是千家万户的农民使用人畜体力工具在自己私有的土地上从事家庭小农业和家庭小手工业劳动。此生产力水平形成的社会经济即家庭小农业与家庭小手工业相结合的自给自足的自然经济，简称小农经济，是所有古代各朝代国家经济基础的基本特征。

小农经济中，占社会总人口大多数的农民赖以生存的一个根本物质条件，就是归其所有的一块土地。当农民不堪承受封建皇朝过重的赋税徭役负担和地主及官吏的残酷剥削、出现土地主要通过买卖被地主阶级中一部分人兼并的时候，也就是国家经济基础和社会生产力遭受破坏的时候，因土地被兼并而成为无地或少地的穷苦农民就处于难以生存的危机之中了。他们只得以佃耕、雇佣、逃亡、流浪、乞讨、

① 崔寔《政论》。

② 《汉书·食货志》。

偷抢等种种皇朝法规允许和不允许的方式求取生存。

这时，如果地主统治阶级的治国者们仍不关注、重视民生境遇，却放任甚至尊奖土地兼并，或者想遏制土地兼并而又无能为力，即对以土地所有制为主要内容的生产关系不做出或不能做出合民意、有利穷苦农民生存的调整，反而用严刑、苛政对付走投无路的农民以维护皇室家天下的统治，那么，民意就向为乱求变方向变化，统治阶级的政权也就逐渐失掉民心。皇朝政权即使拥有强大的军事力量，也会在组织并武装起来的以农民为主体的广大民众的反抗打击下或早或迟走向败亡。

上述根本原因，不仅适用历时短暂的秦皇朝，也适用其后所有或急速或缓慢衰落、败亡的封建皇朝。有所不同的，只是这一根本原因在秦皇朝表现得最为突出和典型而已。

二、秦始皇治国前有巨功后有重过。功，是因为他符合时代要求的英明；过，是因为他剥削阶级本性的贪暴。面对这样一个正反两面矛盾突出的历史人物，后世古代史家往往重总结其治国教训，论过有余，轻总结其治国经验，评功不足。笔者认为，就其治国对封建社会所产生的重大而深远的影响而言，我们应该首先侧重肯定他的功绩和英明；就其治国对当时人民造成的灾难和痛苦而言，我们又应该贬斥他的过错和贪暴。

在两千多年的中国封建社会里，尽管有不少帝王、政治家和史学家对秦朝“二世而亡”的原因做过许多论述，但他们都认识不到秦始皇治国的最大过错即找不到导致秦朝急速败亡的根本原因，和秦始皇治国一样也是因为受时代的局限所致。正因为这个根本原因在社会科学还很不发达的封建社会阶段没有找到，才致使封建史学界对秦始皇治国功过的褒贬在儒家主流评说中始终众说纷纭、莫衷一是。直到社会主义史学界用马克思主义唯物史观作指导研究中国历史，才有可能对古代王朝和皇朝的存亡兴衰找到真正符合历史事实的原因。

第四章　汉治天下

西汉、新、东汉、三国——公元前 206 年至公元 280 年，计 486 年

第一节　以前朝为鉴的汉初帝王

第一个认识到重用人才对于建立政权具有极端重要性的开国皇帝。

不追求个人豪华享受、崇尚节俭、“以德化民”的帝王典范。

“农，天下之本、务莫大焉”——最先认识到农业是封建社会国家的根本的守成国君汉文帝。

秦末农民起义在陈胜、吴广死后，南方反秦起义军中一支主力的领导人、出身楚国武将世家、“力拔山兮气盖世”的项羽，成为各路起义军的霸主，自称“西楚霸王”。此人在反秦的军事斗争中，曾率军破釜沉舟，摧毁秦军主力，功劳很大，但他只有非凡的勇猛武力和高超的武艺却严重缺乏政治谋略。后来，该起义军另一支主力领导人刘

邦于公元前206年率先进占都城咸阳，灭掉秦朝。他立即与关中人民约法三章（即“杀人者死，伤人及盗抵罪。余悉除去秦法。”），大获民心。他在逃过项羽所设鸿门宴的杀身之祸后，以项羽所封汉王身份在封地内，抓紧壮大军事力量，不久“明修栈道，暗度陈仓”（今陕西省宝鸡市陈仓镇），起而与项羽争夺天下，逐鹿中原。经过四年多“大战七十，小战四十”互有胜负的拼杀，时年才三十岁的项羽终于被围困于垓下（今安徽省灵璧县东南），落得在四面楚歌声中，“霸王别姬”，自刎乌江。刘邦获得楚汉战争的最后胜利，建立了汉朝。

一、汉高祖刘邦（公元前256年—公元前195年）是中国封建社会历史上第一位起自民间的布衣皇帝（高祖是他死后的庙号。庙号是皇帝死后其继位者通过朝廷给他立的供其宗族后世子孙祭祀、膜拜的称号。立庙号，始于商朝。封建社会从刘邦起后世各个朝代凡皇帝死后几乎都相沿立有称之为某祖、某宗的庙号）。刘邦青少年时代不愿从事农耕生产和家务劳作，也不喜读书习文，只重交朋结友。他为人大度，不拘小节，“好酒及色”，整日浪荡，没钱时，就到常去的两家酒馆赊酒，喝至醉卧不起。这种生活阅历，使他对社会生活比

项羽

较熟悉，得到了较多社会信息，学会了人际交往，并养成了适应当时大乱之时的特有个性，即既有类似流氓无赖般的气质和机智，又有草莽亡命之人的胆大敢为、粗野刚毅和雄霸狠辣。

刘邦响应陈胜起义反秦前，曾到京城咸阳服过徭役，目睹了秦始皇出巡时仪仗队伍的雄威场面。至壮年，经地方官测试，任过秦朝沛县（今江苏省内）泗水地方的亭长。自从亲眼见了秦始皇出巡后，他脑子里就产生了要做一个大丈夫、干一番大事的想法。他任亭长后，一次请假回家，妻吕氏正带两个儿女（即后来的吕后及其子女孝惠帝和鲁元公主）在田里锄草。吕后告诉他，刚才一看相老人路过田头，讨了碗水喝，说她和两个孩子都是贵人之相。刘邦忙追上离走不远的老人再问。老人看到长有高大鼻子和美胡须的中年男人说："那村妇和两个小孩与你一样呀，也是大贵之相。而你相貌的高贵则贵不可言。"刘邦道谢说："若果真如您老所说，我们不会忘记你赐予吉言的恩德。"约二十四年后，刘邦登基成为汉朝国君，那位面相老人的去向谁也不知道了（《史记》）。刘邦相面后再联想到社会上传说的当今皇上秦始皇也常讲"东南有天子气"，于是，他出人头地的志向更加坚定了。

这时的他，突发奇想，要用刚出生的竹子皮做帽子，派亭内捕盗卒到薛地找人专门制作，他就常戴这种与众不同的竹皮帽。是秦末天下大乱，全国风起云涌的反秦斗争的时势把他这个常戴竹皮帽的人造就成了一名了解民意、同情民苦、善用他人之长、最终威加四海的政治家。

刘邦夺得天下后，为增强其皇权神圣不可侵犯的社会心理效应，曾以天命观念说过："吾以布衣提三尺剑取天下，此非命乎？命乃在天。”[①]

刘邦从自己由乡村平民成为开国皇帝的经历中，深刻地认识到人才对于夺取天下、建立国家政权的极端重要性。建国初，在一次文武大臣聚会的酒宴上，他不提天命，只说：“夫运筹帷幄之中，决胜千里之外，吾不如子房（张良，字子房）。镇国家，抚百姓，给馈饷，不绝粮道，吾不如萧何。连百万之军，战必胜，攻必取，吾不如韩信。此三者，皆人杰也，吾能用之，此吾所以取天下也。”[②]这是如实的总结。人杰皆能为其所用，也表明了他本人心智和手腕的高明。刘邦善于使用、驾驭人才，胸襟豁达，能听取各种不同意见，择其正确的立即采纳，是他获得成功的一个重要条件。他获得成功当了皇帝，仍常戴着他喜欢的竹皮帽，当时臣民给这种和皇冠同样尊贵的特制平民帽一个专有名称，叫“刘氏帽”。

刘邦建汉后，朝廷重臣大多是出身布衣而有军功的人，这与先秦社会和秦朝主要由贵族出身的人当权有明显的区别。他任用萧何（秦时沛县县吏，追随刘邦反秦，楚汉战争期间为刘邦守治关中有大功）为丞相治国，情况大致如下：

政治体制上，基本承袭秦制，建立中央集权的帝制机构，实行郡县与分封二者兼有的地方行政管理制度。刘邦及其谋臣认为，秦朝速亡，过急地一下全部取消西周分封制是其中的一个重要原因。所以，刘邦在建国之初就决定保留秦时郡县兼行西周分封。但他并不过急地分封自己的子弟为诸侯王，而是从实际出发，先承认和正式分封在反秦和楚汉战争中已占数县或数郡、据地为王共占有天下一大半郡县国

---

① 《史记·高祖本纪》。

② 《史记·高祖本纪》。

刘邦

土的七个异姓功臣将领为诸侯王，以稳定新生政权，待自己坐稳皇帝宝座后就找理由或借口设计将其中六个较大的诸侯国王先后废掉或杀掉，用刘姓子弟取代他们的王爵。从这一点，可见此时作为政治家的刘邦已无昔日草莽之气，而且具有高明的斗争策略和政治手腕。刘邦在建国初还分封了一百三十多个功臣为“列侯”。诸列侯的封地都不大，像萧何这样重量级的封侯功臣也只食邑八千户（以后渐增封至一万五千户），对刘氏天下构成不了威胁，不足为虑。只是他万万没有想到，他在生前实现了清一色的刘姓分封，并且大家还杀一匹白马立了誓（“非刘氏而王，天下共击之”），可他死后不到二十年，其孙汉景帝在位时就出现了刘姓诸侯王反叛的“吴楚七国之乱”。

治国思想上，刘邦认可、批准萧何用其最崇尚的道家思想治国。道家思想，是春秋战国时期道家学派的文化政治理论思想，当时的影响仅次于儒家思想。经秦始皇“焚书坑儒”给儒家学派以沉重打击后，其影响仅次于已上升到主体地位的法家思想。秦速亡，法家思想影响力大落，道家思想在社会上活跃起来。道家学派的创始人老子，名李耳，字聃，楚国人。相传孔子听他讲有关道理后很佩服他。他晚年著有《老子》即《道德经》一书，其中关于治国理政，主张顺其自然，不加人为干预。提出了“清静无为”“无为而治”“因物为制，时变是守”“以百姓心为心”“顺民之情与之休息”等许多重要思想。

经济政策上，鉴于建汉之初，全国人口比秦时的约五百万减少了一百多万和社会经济遭到的严重破坏，颁布了军人复员归田即“兵皆罢归家”、流散人口回乡、释放全国死罪以下犯人回原籍、释放因饥饿而卖身为奴婢的人、鼓励人口生殖等法令，实行重农抑商、轻徭薄赋（“十五而税一”）、让人民休养生息等政策。

法制礼仪上，制定了一部国家大法《汉律》（即《九章律》）和由儒生出谋操办制定了朝廷礼仪等规章。使国家行政执法有法可依，使君临天下的皇帝享有至高无上的尊严。

文化学术上，刘邦在起义反秦期间常表现出对儒学的鄙视态度（他对戴儒冠、一身儒者装扮的人很讨厌，这样的人求见，他曾毫不客气地把其儒冠摘下来，撒泡尿在里面），即位后转为宽容和好感。到晚年他对儒学的态度明显好转。一次路经曲阜，他开帝王祭孔先河，亲用大礼祭奠孔子，表示他对文化学术的重视。他死前一年，开始认识到人才对于治理天下跟夺取天下一样具有同等的重要性，向全国颁布了“求贤诏”，要求各地向朝廷推举有文化知识和优良品德的“贤士大夫”。

外交政策上，他实行与北方强大的匈奴军事政权的和亲政策（把皇女即公主或宫妃替代公主嫁给匈奴首领单于）。这在汉初国力尚弱的情况下，对稳定汉朝北方边境、恢复发展生产创造了安定和平的条件。

以上除承袭秦朝中央集权的帝制外，刘邦其余治国举措在封建社会都具有开创性意义，被其好几个儿孙皇帝和后世皇朝一些帝王治国所仿效。

刘邦从起义反秦起，戎马倥偬，未离坐骑。当皇帝七年，也主要忙于军事，在东征西讨的鞍马劳顿中度过。为平定几个异性诸侯王的叛乱（其中也有诛杀开国功臣的动机）和抵抗、防御外族匈奴入侵以稳定、巩固新生政权，耗费了他大量精力，所以他对政事管理顾及甚少，因而关于如何治国的言论也就不多。但他病逝前的当年给后人留下了一首很有帝王卫边治国气势的《大风歌》：

大风起兮云飞扬，

威加海内兮归故乡，

安得猛士兮守四方！

这是他平叛获胜后回京路过故乡沛县，邀父老乡亲酒宴时志得意满地击筑（古代打击乐器）自编自唱且手舞足蹈的歌词。

公元前195年，他在平定异姓王英布叛乱中伤于流矢，行军途中生病，不久，与世长辞。

二、刘邦的第四子、五岁受封边区代郡为代王、在接近农村民间的环境中长大、时年二十二岁的刘恒在其兄汉惠帝执政七年（实由母亲吕后操纵朝政）和继而由母亲吕后代行皇权即临朝称制八年（其间，她先后所立刘恭和刘弘，各当了四年挂名皇帝）之后被权势大臣们拥立从代地接回京城继位，是为汉文帝（公元前202—公元前157年）。他治国高度重视民生。当时民生的主要内容就是农业生产、农村经济。

他说："农，天下之本，务莫大焉。"[①] 尽管春秋时就有齐国贤相管仲提出"治国之道，必先富民"，但直到汉文帝以前，差不多所有为帝为王者都像秦始皇一样，只把争霸称雄、征战兼并放在第一位，没有

① 《史记·孝文本纪》。

哪个对直接关系人民经济利益的农业生产有汉文帝这么高的认识。他在每年春耕前夕，带领诸侯和大臣举行一次从事农耕劳动的仪式（这叫天子籍田，起源于西周王朝，已中断了许多年）。他还和大臣们自己动手耕种一块土地生产粮食，皇后和宫女也都要采桑养蚕，以示皇帝、皇后和大臣们对农业生产的重视。此举带动全国官吏纷纷下田参与耕种，有力地促进了农业生产的发展。

汉文帝很注重德治，常有为百姓生活提供方便和好处的举措。他取消过关用传（符证）制度以有利民间行旅来往和商品流通；下诏减少和免收农民田租（曾免收十年，此为历史所仅见），还大幅减轻农民的赋役负担；他首颁养老令，每月以米、酒、肉、布赐给八十岁以上的老人等。

汉文帝对法制也有较高的认识。他说："法者，治之正也，所以禁暴而率善人也。"[①] 意即法律是进行治理的依据，是用来禁止强暴引导人们向善的工具。他废除"诽谤妖言之罪"，废除罪及家属的连坐律令和残毁人体的肉刑等严刑峻法。相对于秦时苛法，这是一次尊重人权的历史性进步。

汉文帝还采纳贾谊、晁错等人的削藩建议，先后镇压了两个同姓诸侯王的叛乱，一定程度上加强了西汉中央集权。

汉文帝"性仁而近柔"[②]。尽管文帝性格仁慈得近于柔弱，但这并不影响他的治国作为和得出发展农业生产是当时国家第一要务的正确认识。

他还注重以个人优良的品德教化臣民，史评他"专务以德化民"。

---

① 《史记·孝文本纪》。

② 《史记·孝文本纪》。

这也是他治国指导思想正确的表现。举两点为例：

1. 他在位二十三年，“宫室苑囿狗马服御（服饰车驾）无所增益”，且“不受呈献”。这说明他身为皇帝，却没有追求皇帝高档豪华享受的表现（他有时甚至还穿着草鞋上朝理政），这在他以前和以后的所有帝王中都是极为突出的。这一点，既可看作是他“以德化民”的治国举措，也是他倡导节俭的表率之举。汉文帝是我国古代社会第一位强调“以德化民”和倡导并带头实行节俭的帝王。

2. 汉文帝四十五岁病逝前留下遗诏：“死者天地之理，物之自然者……当今之时，厚葬以破业，重服以伤生，吾甚不取。”[①] 并提出对他的丧葬要因山为藏，不复起坟。

以上两点，与性格刚烈、果决的秦始皇建国定制后追求享乐和长生不老及生前就大修陵墓相比，汉文帝的治国思想要进步得多，其高尚品德更是秦始皇所不能比。所以，司马迁在《史记》中评论他说：“汉兴，至孝文四十有余载，德至盛也。”（孝文，即汉文帝。）

总之，汉文帝在位期间的种种治国认识和作为，都表明他身为封建守成国君，能够常常顾及底层百姓利益而想问题、定国策，用现代话说，就是有明显的平民意识。这使他成为我国封建社会最先认识到农业是国家根本因而高度重视民生、注重发展农业生产的皇帝，也使他成为古代帝王中“以德化民”从而享有极高文治声誉的突出典范。一句话，汉文帝是我国所有封建帝王中不是平民出身但唯一有明显平民意识的皇帝。（后世有些明君都不同程度有民本思想，但有民本思想不等于有平民意识。）

---

① 《史记·孝文本纪》。

三、汉景帝刘启（文帝子）三十一岁继位后，继续实行他祖、父两代与民休息的政策，即位当年，就下诏全国“除田半租”，即免除田租的一半，也就是改汉初的“十五税一”为“三十税一”，推行“劝农桑”政策，鼓励发展农业生产。另外，他执政期间命太尉周亚夫率军仅三个月就迅速平定了七个刘姓诸侯王的叛乱即“吴楚七国之乱”，不再分封王、侯爵位给任何亲贵功臣，并且规定所剩原封诸侯王此后“唯得衣食租税，不与政事”，这就使汉朝中央集权从此走向巩固，全国大一统政局得以明显稳定。他在位十六年后病逝。

汉景帝的一个严重过错，是没有果断采纳御史大夫晁错正确的“削藩”主张，反而在“七国叛乱”之初，听信杀晁息乱的话，冤杀了对汉皇朝忠心耿耿、在辅助文、景两代治国方面才华横溢、献计献策做出了重大贡献的晁错（他在事先没有得到通知、更未经过审判程序的情况下被突然腰斩，并灭三族）。

文、景两代仍按道家“无为而治”的思想治国，注重发展社会经济，使国家人口剧增，粮食产量大增，尤其是平定“吴楚七国叛乱”后，社会走向安宁升平，出现了在西周“成康之治”之后经西周中后期、春秋战国和秦朝共八百多年以来从未有过的繁荣。司马迁说文、景二帝当政四十年来，“海内殷富，兴于礼仪”，国家“官仓皆满”，以至“存粮年久霉烂不少”，农民“家有余粮，鸡猪满圈，骡马成群”。这是我国古代社会第一个全国性的盛世，为历代史家所称颂，史称“文景之治”。

第二节 最先认识到人才极端重要的汉武帝

最先认识到人才对于治国具有极端重要性的皇帝。

知错改错、勇于自我反省的皇帝。

认识到治国要凭借一种文化政治思想对人民实行思想控制的皇帝。

汉景帝的接班人，是他第十个儿子、英明勇武、雄才大略的刘彻（公元前156年—公元前87年）。他就是我国封建社会继秦始皇之后颇享盛名的汉武帝（庙号汉世宗）。他的武功，表现为使华夏民族的生存空间大大扩展，这与秦始皇统一六国的意义同样重大；他的文治，在他以前无人可及。他是中国封建社会第一位本领上文武双全、思想上紧跟时变、行动上一生敢作敢为且充满求新求变朝气的皇帝。他继位后，比其皇祖、皇父两辈更加注意怎样治国的问题。

汉武帝

一、汉武帝从小受封为王，六岁立为皇太子，一直受严格而正规的宫廷教育，政治上早熟、知权谋、有教养。公元前141年，他不到十六岁就继位执掌皇权，以韬略对付祖母窦太后干政六年后，独断乾纲。他把继位后第一年即公元前 140 年称为建元元年（汉武帝首创使用年号纪年。“建元”，是中国历史上的第一个年号。此后，历代封建皇帝在位期间都有自己的年号，少则用一个年号，多则用十几个年号。换用新的年号，叫“改元”）。建元元年，他就诏令各级官员推举贤良方正（汉朝选拔官吏的对象）、直言敢谏的士人（知识分子）到朝廷接受他策问古今治道，并鼓励天下臣民直接给他上书议政。他夜以继日审阅各地纷纷上寄的书简，思考治国道理，发掘治国人才。几年后，他再次下诏说：“今朕获奉宗庙，夙兴以求，夜寐以思，若涉渊水，未知所济……贤良明于古今王事之体，受策察问，咸以书对，著之于篇，朕亲览焉。”[①] 意即我执掌国政以来，早起晚睡不停地思考治国良策，就好像要涉过深水，还不知道渡过水的方法……贤良之士对古今国家政务的关键是明确的，希望你们接受我的提问，把你们的意见用书面（指竹简，当时尚无纸张）做出回答，我要亲自阅读。

汉武帝思考治国的良策和国家政务的关键，是要重视人才。他二十八岁时又一次向全国下《进贤诏》说：“夫十室之邑，必有忠信；三人并行，厥有我师……进贤受上赏，蔽贤蒙显戮……其与中二千石、礼官、博士议不举者罪。”[②] 意即十户人家的村庄，一定有讲忠信的人。三人同行，其中有能做我师长的人……推荐贤才应当受上赏，蔽遮贤才应受到处死……希望你们公卿大夫和二千石（汉朝年俸二千石的郡守的别称）、礼官、博士等议决不举荐人才的罪过。

从以上接二连三的诏令可见青年时代的汉武帝刘彻求才之心的急

① 《汉书·武帝纪》。

② 《汉书·武帝纪》。

切和诚恳，也可见他早有大展治国安邦宏图的远大志向。

武帝五十岁时，朝廷文武名臣大多先后死去，据《汉书》载，他又第六次下诏令在全国搜求新一代人才。他说：“盖有非常之功，必待非常之人……其令州郡察吏民有茂材异等可为将相及使绝国者。”[①] 意即要建立非常的功业，必定要靠非常的人才……现在我命令各州郡从官吏和民众中察举有道德才干、出类拔萃、可能担任将相和出使远方国家的人。

武帝执政期间，特别注重治国人才的发现和选拔，建立和完善了各地举荐人才的制度（西汉在武帝以前也注重举荐人才，但尚未形成制度）。这是他超过其曾祖、祖父、父亲三代皇帝和秦始皇以及先秦所有帝王的英明之处。他治国，社会上各阶层不论出身贵贱的人才，一经发现都能得到他的任用。比如，儒家大知识分子、“为人廉直”（司马迁语）、第一个用国家“大一统”一词总结历史经验的董仲舒是通过举荐为臣的（刘彻继位第七年接见各地举荐的一百多位贤良方正策问古今治道时，对已年过六十的董仲舒的治国建言很满意而提拔他为江都相。此人后来对儒家思想成为中国封建社会的正统思想起了重要的作用），出身寒微的主父偃和朱买臣是被他破格录用的，牧羊人卜式、商人桑弘羊、奴隶卫青、俘虏金日磾（dī）都是被他选拔得到重用的。被他赏识重用的治国治军人才还有韩安国、公孙弘、司马相如、汲黯、唐蒙、庄助、张骞、霍光、李广、李陵、卫青、霍去病等等，这许多人才都为国家建立了非同寻常的功勋。所以，《汉书》记载“汉之得人，于兹为盛”（班固语）。

---

① 《汉书·武帝纪》。

二、汉武帝治国，除和秦始皇建国前后一段时间一样不守旧、重创新、总是开拓进取外，主要有三点比秦始皇高明：

第一、他坚持法随时变的治国思想。

他说：“朕闻天地不变，不成施化；阴阳不变，物不畅茂。”[①]意即天地阴阳都在不停地变化，因此社会才不断进步，万物才总是生生不息、欣欣向荣。

又说：“非期不同，所急异务也。”[②]意即时代不同，情况（包括民生、民意情况）也就变得不同，政策就应及时跟着转变。这是多么了不起的正确的治国思想！

第二、他认识到治国要“明教化”以实行思想统治的重要性。

汉武帝不像秦始皇那样用暴力来控制臣民的思想，面对一个多民族统一国家，他注重办学兴教，采取用一种文化思想统一管理全国各族人民思想的办法。当时，社会上先秦诸子百家的学派思想，仍很活跃，到处都存在“师异道，人异论，百家殊方”的情况。他采纳董仲舒的建议把儒家思想钦定为官办学校中的正统思想。从此，在意识形态领域，全国出现了“罢黜百家，独尊儒术”的局面。汉武帝在治国理政上实行以儒家思想为大一统思想的第一人，这和秦始皇首创在全国实行政治上以中央集权为特征的大一统政权模式一样，具有同等重大的历史意义。古代欧洲和阿拉伯各国封建统治者注重以宗教统一人们的信仰，中国封建统治者在治国过程中虽有天命、巫祝、图谶、鬼神、天象、符瑞、风水、祖宗神灵等迷信观念和后来的道教、佛教等宗教观念，但从汉武帝时代开始则注重人们思想上的统一。这是世界

① 转引自何新《论汉武帝新传》，中央编译出版社 2005 年版。

② 转引自何新《论汉武帝新传》，中央编译出版社 2005 年版。

治国思想史上中国有别于欧洲和阿拉伯各国的一大特色。这也是由众多民族组成的中华民族以后即使一度出现分治最终还是走向统治而表现出强大凝聚力的原因之一。世界古代史、近代史、现代史都证明：要把宗教信仰不同的民族统一于一个国家，非靠某种非宗教的文化思想理论不可。

第三、他治国的指导思想大体上是坚持从实际出发的，虽然其间也偏离过正确轨道，但他又能使自己的治国思想走入正轨。

他继位后长期对外攻战，有违民意，渐失人心，以至“天下骚动”，出现了关东地区的农民起义和统治阶级上层内部矛盾的激化。对农民起义，他采取镇压的办法，但农民起义仍然不断发生。这使一生敢打敢拼、勇于作为的汉武帝转变解决问题的思路，开始在自己身上查找原因。他病逝前两年，有一次到农村田间屈尊亲手扶犁耕作（象征性的），以表示重视农业。他感受农民生活的艰辛之后说：“朕即位以来，所为狂悖（所做的事荒唐，违背理政之道），使天下愁苦，不可追悔。自今，事有伤害百姓，糜费天下者，悉罢之（一律停止）！”[①] 接着不久，他在表明不能派人到西域轮台（今新疆内一地名）修建军事设施、驻扎军队屯田的一份诏书中说：如再增加人民负担，就会“扰劳天下”，“朕不忍闻”，指出从今以后“务在禁苛暴，止擅赋，力本农”。[②] 意即当务之急在于严禁官员们的苛严和暴虐，不准擅自征收赋税，全民都要把力量投入国本之业农业。这道诏书，史称《轮台诏》（也称《罪己诏》），实际上是汉武帝的一份“深陈既往之悔”的忏悔书（汉文帝和后世有几个皇帝也下过《罪己诏》，有的出于迷信天象的警示，有的出

① 《资治通鉴》卷二十二。

② 《汉书·西域传》。

于政治作秀，有的是为了笼络人心以挽危局而迫不得已）。此后全国郡县各级又开始重视民生，加强对农业生产的管理，发展社会经济，只两年阶级矛盾缓和，社会又趋安定。据此，可以说，汉武帝是我国古代社会治国凭自己的觉悟而知错改错、勇于进行自我反省的第一位帝王。汉武帝在快要走到他生命尽头前所下的这篇《轮台诏》，在我国古代社会历史的长河中，闪烁着耀眼的光辉。（向全国公开罪己，绝大多数手握至高无上权力的帝王们都做不到。秦始皇从不想到罪己，他只热衷在全国到处刻碑自我扬功。）

三、正因为汉武帝治国有如上超过其祖、父辈和秦始皇的英明和高明之处，所以他继位执政后，汉朝在内政外交各个方面都取得了空前伟大的成就。比如：

政治上，进一步处理统治阶级内部矛盾，颁布“推恩令”，使国内尚存诸侯王的权力一代一代缩小，最后名存实亡。不久，又削夺了一百多个侯爵。在执行“推恩令”十一年后，他又把全国划分为十三个监察区域，在每个区域内设刺史一人直接向皇帝奏事，以加强对地方的控制。他还削弱丞相权力，建立保卫皇权的羽林军，任酷吏，惩治地方游侠豪强，严刑法，以法治国，建立察举制度，禁止官吏兼营商业等。这些政治措施大都具有开创性。从此，汉朝全国大一统中央集权得以真正实现，从秦始皇开始的我国封建专制政体得以定型。汉朝自建立六七十年来虽然其间出现了四十来年的“文景之治”，但诸侯王时起变乱、社会至景帝执政初仍动荡不稳，这一历史也宣告结束。

经济上，把炼铁、煮盐收归官营（汉朝建立后，允许各地方诸侯国和民间从事盐铁经营），既平稳了物价也使国家财政收入大大增加；统一铸币权，全国统一使用朝廷铸造的五铢钱，加强财经控制；打击富商大贾兼并土地，实行算缗政策，即征收商人和高利贷者的财产税；继文、景两代治理黄河，兴修水利；还向西北移民屯田等。这些措施促进了农业生产的发展，有利国家经济的繁荣。

军事上，他继位后，继续执行汉朝建立以来对匈奴的和亲政策。从公元前129年起，他开始派军北攻匈奴（高祖、文、景三代连续与匈奴和亲以换和平，但匈奴仍常犯边掳掠），到公元前119年，汉军霍去病率部大败匈奴，封狼居胥山凯旋而还。此战使华夏民族对这个以畜牧立国、常以掠夺为业的外族奴隶制国家第一次取得决定性的胜利，把这个自秦朝以来长期侵扰我国北方边境的外族驱赶到了大沙漠以北，匈奴从此"漠南无王庭"，并且北逃的匈奴又因内部纠纷逐渐贫弱。北攻匈奴前后，他南灭南越、闽越等南方和东南方的地方割据政权，又把西南云贵川一带的少数民族部落首领及其割据地域收归汉朝管辖，并设郡定型，使汉朝疆土在秦朝所定框架版图基础上大大扩展。他还率战船多次东巡向海域周边邻国示威。以上种种军事行动，为他的子孙和汉朝人民开拓创造了一个广阔安全的生存环境。从此，汉朝作为亚洲最大的多民族统一国家屹立在世界的东方。

文化上，他重视文化教育事业，在京城长安兴办了我国第一所国立大学——太学，专门培养供各级政权机构选用的治国人才。又令天下郡国皆立学校（从此我国始立地方公办学校）。他本人爱好文学、诗歌、音乐，文艺才华超过他以前历代帝王。

外交上，为实现与西方的大月氏（匈奴宿敌）联手孤立和夹击向西扩张的匈奴，他从继位后第二年起派张骞先后两次出使西域（指今甘肃西部、新疆和中亚部分地区），客观上开辟了中国从西域到古代罗马帝国的商路，使西域各国从此同汉朝友好往来，促进了双方的物产商贸交换和社会经济、文化的发展（汉武帝所喜爱的大宛国汗血马即后来被他所称的天马因西域商路开通而得到）。这条商路因使汉朝的著名特产蚕丝和丝绸、茶叶等远销到中亚、南亚、西亚和欧洲的许多国家，被后世称为“丝绸之路”。

以上各方面业绩的取得，除汉武帝治国有比秦始皇的高明和他个人的文韬武略起了关键性作用外，他始终注重发现、培养、选用治国人才因而其文臣武将中人才辈出是一个非常重要的因素。可以说，汉武帝是我国封建社会第一个认识到获取国家政权后，人才对于治国具有极端重要性的帝王，也是执政治国期间在尽量做到不埋没人才方面表现突出的第一位帝王。

四、汉武帝治国的过错，主要有两条：

1. 为保卫国家安全和扩展疆土，他继位后对外连续进行了长达三十二年之久的战争，致使无数中华儿女在战场上流血伤亡和因战事失利而被军法处斩。同时，战争也加重了人民的赋役负担，造成了原“府库皆满”的国家财力变为“海内虚耗，户口减半”和许多农民四处流亡的严重后果。

2. 为维护自己的皇权和刘姓家族的统治，他任用酷吏施行暴政，尤其是他镇压农民起义心狠手辣。连年不断地对外攻战，使不少农民家破人亡，流离失所。公元前107年前后，关东地区出现大量流民（二百四十万之多），社会很不安定，不久，农民起义就不断发生。凡起义地区，他都派重臣穿绣衣、持节（象征皇权的节杖）领兵前去实行残酷的屠杀（当时称这样的皇帝特使为“绣衣使者”），但逃散的起义农民“又聚党阻山川”，武帝无可奈何，乃颁布《沉命法》，规定对聚众作乱的事件事前没有及时发觉或知情不报或知情后镇压不力的官员，从二千石以下至小吏都要被杀头。汉武帝以杀对乱，真是杀人如麻。而《沉命法》造成的后果，是“小吏惧诛，虽有盗不敢发（不敢揭发上报），恐不能得，坐课累府，府亦使不言（府也要求县级小吏不要上报），故盗贼寖多，上下相为匿”[①]。尽管武帝后来认识到实行屠杀政策不是办法，转而注重民生，缓解了统治阶级与广大农民的矛盾，但他残酷镇压人民反抗的过错已经铸成。

五、汉武帝个人品质中明显的缺点有三个：一是相信巫祝方士，迷信神仙；二是急功近利，好大喜功；三是晚年听不得有损其权威和尊严的不同意见。关于这最后一个缺点，比如太史公（史官）司马迁出于正直公道之心在朝臣们迎合武帝权威旨意的情况下，为寡不敌众（以不足五千步卒战三万后增至十万以上的匈奴骑兵）但尽力拼杀后败降匈奴的骑都尉李陵说了几句辩解的话（他与李并无个人交情），触怒了晚年汉武帝维护其威严的心理而定他死罪。按当时法律规定，死罪可用交银钱或腐刑（后世又称宫刑）代替，时年四十七岁的司马迁交不起钱，只得选择了摧残男性肉体的腐刑即阉割之刑。这使司马迁在写《史记》时评述汉武帝功绩远不如评述秦始皇和项羽功绩那样全面、中肯、那样充满颂扬的激情，也因此引起后世史家对汉武帝治国的功过是非多少有些褒贬不一。需要说明一下的是：司马迁在其所著《史记》中仅这一处表现个人感情色彩的笔墨，绝不影响《史记》巨大的史学价值。《史记》是“我国首部纪传体通史”，是“究天人之际，通古今之变，成一家之言”的“中国史学的奠基之作”。[②]

人非圣贤，世无完人。汉武帝的丰功伟绩是远远大于其过错的。

---

① 《汉书·酷吏列传》。

② 彭仲麟、冯国超主编《中国通史》第一卷。

汉武帝在位执政五十四年，由于他坚持法随时变的治国指导思想和个人的求新进取作为，并以此率领其选用的文臣武将共同为国效力，由于促成他之前汉朝“文景之治”的道家思想（也常被称为黄老思想，黄老思想是道家学派发展形成的一个流派，是假托远古轩辕黄帝之言，改造老子学说，综合吸收先秦各家学派重要内容的一种学派思想）的积极作用和影响犹存，加上儒家思想钦定为正统思想后其被用于治国积极一面的作用得到发挥，使汉朝继“文景之治”后进一步发展到了鼎盛时期，成为当时亚洲最繁荣富强的多民族大一统国家。从此，在幅员辽阔的中国大地上居住的主要民族被国内外人们称为“汉族”，这个民族的成员称作“汉人”，其使用的语言称作“汉语”，所书写的文字称为“汉字”。

六、汉武帝七十岁时，一病不起，驾崩西归。他死后，其子汉昭帝和曾孙汉宣帝相继继位，这两任皇帝都在忠于刘室的大司马大将军霍光的辅政下，仍按武帝晚年所定“思富养民”（意即凡官员要想到使国家和人民富裕而实行让人民得到休养的政策）的旨意治国，使武帝晚年“海内虚耗”的局面逐渐好转又走向富裕。如昭帝召集全国贤良、学者六十多人开“盐铁会议”，讨论如何治国的问题。而宣帝是在民间生长大的，比较了解人民的疾苦和意愿，他兼用霸道和王道（即法制和儒术）治国，勤勉务实，坚决整肃吏治（“汉世良吏，于是为盛”），减轻农民税赋负担。汉朝在昭宣二帝约四十年的治理下，又出现了社会安定、“吏称其职，民安其业”、官民“皆有积蓄，吏民皆富实”不亚于“文景之治”的局面，史称“昭宣中兴”（宣帝被誉为“中兴之主”）。这说明帝王治国，只要关注民生，尊重民意，用人得当，在维护统治阶级利益的同时，也坚持执行维护人民利益的政策，就可以使社会安定太平，国家长盛不衰。

七、历史上把刘邦建立的汉朝称西汉，历十四帝，国祚二百一十年；把刘秀在西汉灭亡后推翻王莽所建新朝而建立的汉朝叫东汉，历十四帝，国祚一百九十五年。

第三节 新朝“王莽改制”

我国封建社会唯一的一个以书斋空想和复古思想治国的皇帝。

汉宣帝死后，其子汉元帝（多才艺、好儒术、善装腔作势摆帝王架子的庸君）继位，改变武帝晚年所定“思富养民”的治国指导思想，放纵统治阶级兼并土地和荒淫奢靡，很快朝廷政治昏暗，国家走向衰弱。到西汉末年，农民起义不断。在这种情况下，西汉第十三任皇帝汉平帝执政时任职大司马（当时朝廷最高军政长官）辅政的外戚、深受儒学熏陶、声称以周公姬旦为榜样的王莽五十三岁时利用人为制造的天意符命，以和平手段篡夺帝位，改国号为“新”，自立为帝。

一、王莽是汉成帝（元帝子）母亲王皇后的侄儿，其父早亡，生前未曾封侯（王皇后的其他七个兄弟都封了侯），王莽由母亲抚养，在宫廷长大。这种作为重要的皇亲国戚而在朝廷没有爵位的家庭出身，使他从小就谦恭俭朴、勤奋好学、博览经史、交结贤俊，成长为一个有满腹儒家经纶而引人注目的新秀人物。由于他对人注意尽孝悌关爱之道，处处助人、方便人，为人所不能为，很快就获朝野一片赞扬口碑，仕途也就发达起来，被成帝通过追封其父为侯的办法，让他承爵为新都侯。他三十八岁时，当上了大司马（当时丞相名已废改称大司徒，大司马位在大司徒之上），成为辅政大臣。成帝死后，因后来新老两代皇帝的两姓外戚派系斗争，他称病出职、韬光养晦三年后，在满朝文武大臣几乎一致的推举下，复大司马职，辅佐九岁继位的汉平帝。他辅政五年期间，实施了不少有利民生的政策，大获民心，受到朝臣和百姓讴歌颂扬。同时他培植党羽、笼络儒生，为篡夺西汉政权做准备，在他辅政的第五年，年仅十四岁的汉平帝夭亡（有说被王莽设计毒死）。朝廷立汉宣帝年仅两岁的玄孙刘婴为皇太子。王莽被称为“摄皇帝”“假皇帝”（摄，即居摄，替代之意；假，代理之意）。不久，在众大臣高度一致的拥戴下，王莽如愿以偿地登上新朝皇帝宝座。这是我国古代社会在不动兵器甚至连舆论阻碍都没有的平静中众大臣顺从所谓天意使大一统政权发生被取代更替的一个特例。

二、王莽即位后，第一件事，就独出心裁地定了一个由三个字组成的年号，叫“始建国”（在位期间，还用了两个以“天”字和“地”字开头的年号）。第二件事，是始建国元年即公元 9 年颁发了一篇施政治国的纲领性诏书。他在这篇诏书中指点江山，抨击现实，重点阐明了自己的治国认识和总的指导思想。诏书较长（见《汉书 · 王莽传中》），择其要，概述如下：

他认为，古代实行土地国有制，“设庐井八家，一夫一妇田百亩”，所以“国给民富而颂声作”，是“秦为无道……坏圣制，废井田，是以兼并起，贪鄙生，强者规田以千数，弱者曾无立锥之居……豪民侵陵，分田劫假”。这样，社会就出现了至今“富者犬马余菽粟，骄而为邪；贫者不餍糟糠，穷而为奸”的现象。这一治国认识就是把贫富差别、强欺弱等现象归于没有坚持实行古代土地井田制，这表明王莽对土地兼并引起的贫富不均问题在做理性思考，并第一个认识到土地小农私有制是产生当时社会贫富两极分化的根源。

他治国总的指导思想，就是以《周礼》为治国理论根据，要消除秦汉以来的土地兼并和当时奴婢买卖盛行的社会现象，谁有阻难之议，就“如皇始祖考虞帝故事”（指舜帝曾把反对者放逐边疆之事），此话也表明他要排除阻力，建造一个像舜帝时那样没有贫富不均的全新的国家。

从这篇诏书，可清楚看出，王莽的政治抱负非凡，他追求的社会理想出奇的标新。虽其思想出发点无可非议，但他建造这个“新”国家的政策要么出奇的落后，要么出奇的超前，大多是受儒学经典中消极复古思想影响而脱离当时社会实际的搞法。比如：

1. 实行土地“国有”，即把全国土地都收作所谓“王田”，按官职和爵位（少数民族首领的王爵被他废除改为侯爵，全国侯爵以下其他爵位尚留），重新分封土地，实行王田制。这实际上是恢复实行一千多年前西周的井田制。此乃纯属开历史倒车的搞法。

2. 政府人为控制即靠行政命令限制全国几个大都市的市场和物价，不使人民生活所需的主要物品价格大幅涨跌（不是通过政策宏观调控）。要求做到市无二价、贫富相安。此乃脱离当时商品经济实际、超越时代又违背市场经济规律的搞法。

3. 仿秦始皇和汉武帝不许民营盐、铁、酒，山林、川泽等自然资源也由政府管理经营。此乃不随时变、东施效颦的搞法。

4. 对无业游民由政府供给衣食，强迫劳动。此乃助长吃赈济、不从业、不竞争之风的搞法。

5. 按《周礼》记载把官名、地名一律改成古代原名。此乃与其复古政策配套的形式主义搞法（王莽制定的新制度、新政策，内容涉及面较广，本书不一一列举）。

我国民国时期著名历史学教授张荫麟在他所著《中国史纲》中说，王莽即帝位后“集权揽事”，“忙到每每通宵不眠”，“日夜和公卿大臣们引经据典地商讨理想的制度，议论连年不休”，可日常行政事务中，有些需及时办理的事，却被忽视搁置，久拖不决。

王莽在皇宫议事殿堂里与朝臣坐而论道所制定的如上那些制度和政策，从根本上动摇和改变了封建社会赖以确立的小农私有经济基础，触犯了农村地主阶级、城镇工商富户和广大自耕农民的切身利益，造成了社会一时无所适从的极大混乱。王莽企图主要通过取消土地私有制以救世而建造一个新国家的愿望和理想，很不切合当时民生、民意的实际，其理想纯粹是一种不识时务的书斋空想。上述王莽倒行逆施和标新超前的治国搞法，史称“王莽改制”，也称王莽“托古改制”。王莽改制造成全国出现“民摇手触禁”“富者不得自保，贫者无以自存”① 的局面，很快引起西汉末年以来社会矛盾的全面激化。“新”皇朝建立后第三年，一些地方就开始有农民聚众起事，首都长安附近出现了农民激烈的反抗。第九年和第十年，全国性的绿林、赤眉两大农民起义先后爆发，王莽被攻入京城的绿林军中的商县人杜吴所杀，尸体被军民分割，其祖、父、妻、儿的坟墓在起义军攻入京城前被军民挖毁。新朝从公元 8 年到公元 23 年历时十五年而亡。（以上所述，也就是“王莽改制”失败的根本原因。具体原因见班固《汉书·王莽传》）

“王莽改制”有两个治国首创之举，在商品经济很不发达的封建社

① 《汉书·食货志》。

会没有产生明显的政治影响，但具有进步意义。这就是：第一，国家发放贷款。因祭祀或丧事贷款，政府不取利息，还款日期，祭祀十日，丧事三月。经营生产贷款，息率为经营生产纯利的十分之一。第二，向工商业征收所得税，取其纯利十一分之一。

三、新朝昙花般短命而亡，使人松了一口气，为之庆幸，觉得顺理成章，该当如此。联想到此前两百多年同样短命的秦朝，我们的情感却要复杂得多。秦朝的暴政，尽管引起人们刻骨的怨恨，但它对中华民族大有裨益的制度创新，却使人对其速亡而感到深深的惋惜和遗憾。

这样两个给后人的感受完全不同的皇朝，按常规思路，没有可比性，不能相提并论。可我们若换用另一种史学角度，则二者异同之处多着哩。

二者不同的地方主要有：

1. 秦通过春秋战国以来规模最大、死伤最为惨烈、血流成河的武装斗争建立；新则靠国家建立以来第一次兵马安然、剑不出鞘的宫廷政变建立。

2. 秦嬴政博览群书但没有一点书卷气，足智多谋，经历了战场烈火的锤炼，靠雄才大略在三十八岁时一统天下；新王莽学识渊博可书生气十足，志大才疏，经历了官场恶习的熏染，靠大奸似忠在三十八岁掌理朝廷政务大权，五十三岁登上帝位。

3. 秦是崇尚法家思想的典型，新是崇尚儒家思想的典型。

4. 秦治国锐意进取，大步、急步地创新向前，主张厚今薄古；新治国坐而论道，大步、急步地守旧复古，主张厚古崇古。

5. 秦在中国历史上是一个非常重要的朝代，前期有重大治国建树和贡献；新则无足轻重，谈不上有什么治国建树和贡献。

二者相同的地方主要是：

1. 都脱离了国计民生的实际，没有立足民生、民意现实；

2. 都破坏了国家经济基础，阻碍了生产力的发展；

3. 都很快导致社会动荡，国家出现乱世；

4. 都在全国性农民起义的反抗中急速败亡；

5. 都喜欢用一个“始”字，秦在皇帝称号前加“始”，新在年号前加“始”。结果都是大一统封建皇朝中国祚最短的，一开始就很快死了，各历时仅十五年。（年号中用“始”字，在王莽之前和之后都有，但中国封建皇朝历代帝王用由始字开头的三个字组成的年号，唯新朝用过一次。年号一般是两个字，后世武则天称帝首创用过由四个字组成的年号。少数民族建立的政权如西夏帝王所用年号常有二到六字。）此外，嬴政和王莽称帝后都很勤政。

新朝和秦朝的创建过程，治国思想以及创建者的出身、个性等完全不一样，可二者的命运、结局却完全一样。这个“不一样”又“一样”的简要比较，说明：任何一个封建皇朝，治国离开民生状况和民意要求的实际，急步向前跨越或急步向后倒退，其皇朝都注定要急速败亡，不管其帝王本人的主观愿望如何。这揭示了一个真理：治国规律和世界上其他所有规律一样，都是不以人们的意志为转移的。这是一个适用于人类所有阶级社会的真理。

四、秦、新两个皇朝的异同，带来了两种治国思想遭遇的异同。跟秦朝使法家思想名声扫地一样，新朝则使已经享有几十年正统尊荣地位的儒家思想大丢光彩，以致后来推翻新朝创建东汉的刘秀少用和避谈用儒家思想治国。两种学派思想遭遇不同的是，秦亡后，其用以治国的法家思想从此永遭冷落，背负恶名，失去独立作为治国思想的竞争地位；而新朝灭亡后，其用以治国的儒家思想却没有遭受任何指责，反而不久就东山再起，重新取得了各种学派思想中的正统地位。由此可见儒家思想中积极一面的强大生命力。

新朝速亡，是儒家思想中的消极一面用于治国实践的必然后果。但这对封建时代的人们来说，一提及新朝，就容易联想到整个儒家思想，根本不会辩证其中的“积极”和“消极”。这大概就是不少当时的传统儒学史家在谈论秦朝时群情激愤而对新朝却掩饰自己原初的那股激情总是采取少谈或避谈态度的一个原因吧。

第四节　中国古代传统文化政治思想的理论柱石孔孟之道

一、孔子在春秋时代首先创立儒家学派。起初这个学派是随后出现的百家争鸣中的一个文化学术派别。它的文化思想内容丰富，其中关于社会生活和国家政治的思想具有两面性，即：有修身、齐家、治国、平天下、和为贵等许多积极思想，这有利于维护封建统治；也有复古、守旧、保守、轻视生产劳动和劳动妇女等消极思想，这不利于社会进步。经孔子的弟子们特别是后世的孟子、荀子、董仲舒和朱熹等人进一步发展补充，这个学派的思想形成了一套系统的理论，通称“孔孟之道”。“孔孟之道”的主要组成部分是关于国家政治即治国平天下的理论，诸如君权神授、仁政礼仪、君臣父子夫妻的纲纪人伦等。这套治国理论，不论对哪个皇朝、哪一代帝王维护其对人民和臣僚的统治、驾驭都有利。因此，从汉武帝开始，“孔孟之道”就取代汉初盛行了半个多世纪的道家思想成为中国古代封建社会文化思想的理论柱石，后世各朝各代帝王没有一个公开否定“孔孟之道”的，几乎绝大部分帝王都不同程度地极力遵循，并用于治国实践，从而使儒家治国理论得到不断深化和发展。

二、曾经表现出对民生、民意比较有利的道家思想也即“黄老思想”，在汉武帝以后的各个朝代，只少数帝王和政治家对它还保留有一些兴趣，多数帝王基本上都把它置诸脑后，谁也不再倡导它了。有些朝代如唐、宋的帝王虽然也采取“以百姓心为心”“顺民之情与之休息”，对民生民意不加过多干预的政策，如休养生息、轻徭薄赋等，对无为而治思想有不同程度的认同，但除武则天、唐玄宗和宋太宗等少数几个帝王外，都不公开提及“黄老”二字以维护儒家思想的正统地位。至于法家学派的思想则因崇尚它的秦朝速亡而名声扫地，后世各代帝王中虽然不乏受法家思想支配的治国作为，但也是谁都不愿再公开倡导和坚持它。汉武帝就是这样一个表现出“内法外儒”（司马迁语）的典型皇帝。

第五节　唯一声言以柔道治国的开国皇帝光武帝

最大幅度精简行政机构及其冗员的皇帝。

“柔能制刚，弱能胜强”——唯一声言以柔道治国的开国皇帝。

刘秀（公元前6年—公元57年），出自民间富豪大户、有西汉刘姓皇家后裔（刘邦第九世孙）身份和相当文化修养且武勇权谋兼备。

在王莽托古改制引发的天下大乱中，刘秀兄刘缜乘机在家乡舂陵（今湖北省枣阳市内）组织一支七八千人的地主武装，跟随已参加了绿林农民起义军的族兄刘玄起事，反抗新朝，并与绿林军“合军而进”。接着刘秀在宛城（今河南南阳）起兵。刘缜有刘秀做内应，受命攻占了宛城，声威大起。刘秀在昆阳（今河南叶县）大战中率起义联军以少胜多打败十倍于己的王莽军，战功显赫。刘缜被联军拥立的皇帝刘玄疑忌遭到杀害。刘秀掩饰悲痛，假装若无其事而听命于刘玄，利用刘玄此后对他的信任和重用，持符节（代表皇权的信物）去做黄河以北各州郡的安抚工作。他借机抓紧重建和壮大自己统领的武装势力，扩大、巩固所占地盘，成了一支名义上属起义联军实则已相对独立的武装部队首领。这时另一支农民起义队伍赤眉军也建立了政权，在绿林军推翻王莽政权后，赤眉军又推翻了绿林军建立了两年的刘玄更始政权（更始，年号）。在当时“人心思汉”的政治气候下，公元25年，三十一岁的刘秀被部属将士拥立称帝，复建汉朝（当时刘秀打“复高祖旧业”旗号取国名仍称汉，史称东汉）。接着在不到三年时间里，汉军推翻赤眉军拥立刘盆子为帝所建的政权，然后，刘秀用十二年时间以血腥手段和分化瓦解的怀柔策略推毁绿林、赤眉各地残余农民起义军和多处地主阶级内部的大小地方割据势力，于公元40年统一全国，成为东汉大一统皇朝开国皇帝（庙号汉世祖、谥号光武帝）。

汉光武帝

一、刘秀青少年时代生活在社会底层，对西汉被新朝更替前后整个过程中的许多社会问题和民众的苦难境遇比较了解。东汉建立后，鉴于西汉中、后期土地兼并加剧，很多农民自卖或卖儿女为奴，大量没有人生自由的奴婢（专门从事家务劳作的奴隶）的存在，成为当时最大的一个社会问题，他从即位次年起，就连续在十二年内先后三次颁布禁止虐待奴婢和六次颁布释放奴婢的诏令，说："天地之性人为贵，其杀奴婢，不得减罪。"[①] 尽管他解放奴婢并不彻底，规定了一些范围和前提，但这仍是他解放当时社会生产力的一大历史功绩。"天地之性人为贵"是出自《孝经》的一句至理之言，光武帝用实际的治国举措在全国范围内一次又一次地实践这句话，在封建社会历史上具有十分重要的意义。（西汉初有过一次释放奴婢。王莽也下诏引用过"天地之性人为贵"这句话，宣布改变奴婢身份称"私属"、不得买卖。）

鉴于新朝改制败亡的教训，他坚持和维护西汉时的小农私有经济

① 《后汉书·光武帝纪》。

制度，下诏“令郡国收见田租三十税一，如旧制”[①]，减轻农民的租税负担（如旧制，指改当时执行的“十税一”，恢复西汉景帝时“三十税一”的田税政策）。为进一步减轻人民的税赋负担，他还下诏实行军屯（军队在驻扎地从事生产）。又下令要赈济老年人和鳏、寡、孤、独者。

为培养治国人才，他在即位后第四年“宫室未饰，干戈未休”的情况下，就仿汉武帝建立太学，随之各郡县因战乱停办的学校也纷纷先后重新建立起来。

汉光武帝还实行了一个具有开创性意义的重大治国举措，那就是他即位后第六年大刀阔斧地精简国家政权机构，裁并了十个郡、四百多个县（相当于西汉县数的四分之一。见翦伯赞主编《中国史纲要》），裁减了大小官吏数万人，每十个官吏中只选留一个品德高尚、忠正耿直、志节清白、有魄力才干的人继续任职，即史载“吏职减损，十置其一”[②]。这是我国古代社会历史上对国家行政机构及其冗员第一次最大幅度的精简（后世唐太宗进行了第二次最大幅度的精简）。此举既有利于减轻人民的税赋负担，又有利于提高行政官员的办事效率。简政后第二年他又仿汉高祖大量裁减军队。

汉光武帝以上各种治国诏令及举措的贯彻实施，使他在全国深得民心。世界上的事都是辩证的。我们可以这样反过来想一下，如果汉光武帝没有高度关心民生和重视民意的思想，在人民心目中没有崇高的威望，不能得到人民的衷心拥戴和支持，自己没有排除各种阻力的执政魄力和治国才干，那就不能想象他明显触及统治阶级利益的解

① 《后汉书·光武帝纪》。

② 《后汉书·光武帝纪》。

放奴婢和最大幅度精简行政机构及其冗员以及大量裁减军队会取得成功。

汉光武帝通过以上治国举措和采取其他类似西汉前期重农桑、修水利、兴文教、用人才、抓吏治、抑兼并、攻匈奴（公元48年匈奴已分裂为南北两部，南匈奴自请归附汉朝，北匈奴继续侵扰东汉北方边境）、建外交等一系列政策，使从西汉末年开始经新朝加剧的几十年天下动乱重归安定太平，国家又出现了各类物产增加，“百姓殷实乐业，四海之内，学校如林……觥筹交错……上舞下歌”的富强、太平和繁荣的局面，史称“光武中兴”。“光武中兴”是我国古代社会前期在第一个治世“文景之治”一百六十多年后出现的又一个大治之世。

对儒学“略通大义”的光武帝有利民生、合符民意的治国举措，除大规模解放奴婢和最大幅度精兵简政外，大多是仿西汉初遵循道家思想而采取的，没有王莽儒家思想复古的内容，他名之为治国柔道。他说：“吾理天下，亦欲以柔道行之。”[①] 又说：“柔能制刚，弱能胜强。”[②] 他所称之的柔道，实际上就是道家学派老子、庄子的一种哲学思想，即“老庄思想”。“老庄思想”也属黄老思想范畴。但出于维护汉武帝所定儒家思想的正统地位的考虑，他回避提及黄老思想而用“柔道”代之（诸子百家中从无以柔道或柔术命名的学派）。为了维护自己的统治地位，他又总是表明自己尊孔崇儒，对儒家知识分子（如在富春江隐居不仕的严光等）十分尊重，对儒学经典，甚为推崇。

二、刘秀夺取天下后，“不欲功臣拥众京师”，为了“偃干戈，修文德”，他吸取西汉后期权臣、外戚对皇权造成威胁的教训，对开国功

① 《后汉书·光武帝纪》。

② 《后汉书·光武帝纪》。

臣和外戚封给大片土地和民户，让他们都到封地安享荣华富贵，除两、三个大臣外，都不得参与朝政。这一招，对东汉政权没有遇到叛乱、兵变、篡位之类的事起了重要作用。

汉光武帝刘秀虽出身富豪大户，但和刘邦一样，也是起自民间，为当时时势所造就的一位出色的政治家。他之所以能建立大一统的东汉皇朝，原因是多方面的，其中突出的一条和刘邦有所不同，刘邦主要是善于用人，凭借别人的智慧和能力，而刘秀则在善于用人的同时主要靠自己的聪明才智。正如诸葛亮所说："光武策虑深远，有杜渐曲突之明"。（杜渐曲突之明，意思是当事物尚处细微萌芽状况，就能预见它的发展趋势和结果。）

三、汉光武帝在位治国三十二年，一贯厉行节约、不贪酒色。史载他"身衣大练，色无重彩，耳不听郑卫之音，手不持珠玉之玩，宫房无私爱，左右无偏恩"[①]。作为国君，他日理万机，非常勤政。还有一点，就是光武帝酷爱读书学习，是我国古代社会皇帝中的一个典型。在治国观念上，他的图谶神学（即谶纬之学，是关于神灵的预言和神意解释的迷信学说）观念很重，致使东汉思想文化领域鬼神迷信之风盛行。他六十三岁时病逝。和汉文帝一样，临终前留下遗言，叮嘱臣僚和亲属，一定要将他薄葬。

汉光武帝是一位在天下大乱中力挽狂澜、扭转乾坤、创建了一个新皇朝的开国皇帝。这个新皇朝虽复西汉之制，国号也仍称"汉"，但它和秦朝、西汉及王莽所建新朝相比确实有它真正新的地方。其主要表现就是它大批释放奴婢，使当时的社会生产力自封建制度在中国大地上建立

① 《后汉书·循吏列传》。

以来得到了第一次大解放，从此社会残余的奴婢现象在社会上大为减少。这是光武帝刘秀代表社会前进方向的一个了不起的功勋。我们不能因为他出身大地主剥削阶级家庭和即帝位后无情地消灭绿林、赤眉农民起义军而忽视充分肯定他建国和治国的丰功伟绩及其优秀的品质。

四、汉光武帝死后，其子汉明帝继父遗志，光大父业，使东汉在历时三十来年的“光武中兴”之后又出现了近二十年“天下太平……岁比登稔”，“粟斛三十，牛羊被野”，吏治严正，国威大振的治世。第三代皇帝（明帝子）汉章帝执政治国的十二年间，仍然按其祖、父两代的思想和政策治国，国家继续平稳发展，特别是他在其父派班超出使西域之后，派兵支援班超采取军事打击和诱降相结合方式使西域五十余国到年仅九岁的汉和帝（章帝子）继位初（即公元九十四年）尽归东汉版图，这是班超在西域活动三十一年的外交功绩，也是汉章帝成功的治国之举。公元 91 年，汉军和归复的南匈奴联手给前些年内部又发生了分裂的北匈奴以毁灭性的打击。其单于领数骑远逃，无人知其去处。从此，自秦至东汉和帝三百多年来长期危害我国北方边境的匈奴之患不复存在。但匈奴作为我国古代少数民族之一，仍在南匈奴中存在。

章帝之后，东汉所传十一个皇帝继任时年龄都太小，或婴儿或幼童或少年，靠宦官或外戚把持朝政（其中从和帝起先后有六代母后临朝称制）。而且这十一个皇帝中有五个未成年而夭折，六个长大亲政后大都平庸、信佛、无所作为。正因为如此，东汉皇朝中后期就多次发生外戚和宦官两派政治势力争权夺利、轮换得势的斗争。不论哪派得势掌权，都置国家存亡于不顾，只专横敛财，残酷欺压、掠夺人民，最终导致了东汉末年全国性的农民反抗，即爆发了黄巾大起义。在地主阶级镇压农民起义的过程中，东汉皇朝灭亡，中国大地上逐渐形成了魏、蜀、吴三个独立的国家政权。

第六节 魏文帝曹丕崇孔和吴大帝孙权实行海外贸易

一、儒家思想被汉武帝钦定为全国正统思想以后，它被武帝以后的西汉、新、东汉三朝各代帝王所尊崇。其间，因王莽所建新朝急速败亡，其正统地位曾一度面临危机，但经东汉章帝再一次钦定儒家思想的正统地位后，儒家思想又开始红火起来，孔子的地位也就被提得越来越高。到三国时的魏文帝曹丕执掌皇权治国时，对孔子的评价已高到无以复加的地步。他说："昔仲尼资大圣之才，怀帝王之器……无受命之运……可谓命世之大圣，亿载之师表者也。"[①] 意即孔子具有大圣人的才能和帝王的本领，只是没有当帝王的天命，但他仍是一位治理天下的大圣人，千百万年都是人们学习的楷模。曹丕关于孔子的这些话，在笔者看来，应是他根据《史记》所载孔子在鲁国短暂为官很快就取得显著政绩这一史实而说的。所以，他对孔子的评价，不属无据吹捧，可看成是一种有据拔高。历史是现实的记载，但它和现实有所不同，它永远都会留下一些供后人想象的空间。对这个空间的填补，即使再如实，也是后人的想象。出身文学名家的曹丕作为魏国的开国皇帝对孔子的这段有想象成分的拔高性评价，使孔子的形象更加高大，使儒家思想在封建社会的正统地位进一步巩固，以至一千四百多年后的清朝康熙帝借其词仍尊称孔子为"万世师表"。

① 《三国志·魏书·文帝纪》。

二、曹丕是在公元220年迫使东汉最后一个皇帝刘协（汉献帝）用禅让（原始社会把最高权位转让给异姓贤能者）方式而夺取皇权建魏称帝的。第二年，已年届六十的刘备在成都也宣布建蜀称帝，他当皇帝只两年就死了。九年后，孙权（字仲谋）在湖北武昌也建吴称帝（此前他受魏文帝曹丕之封，当了八年吴王）。孙权比较有作为，他在王位八年和帝位二十三年执政治国，突出的功绩是开发江南和开拓岭南（当时江南、岭南的经济和文化远比黄河流域的中原地区落后），尤其使江南的农业、手工业、商贸业都有很大发展。特别的功绩是他重视海外交往，派船队到东南亚、非洲、欧洲诸国从事贸易，“近者三五千里，远者二三万里”，与世界各地广泛进行经济文化交流。据《三国志》卷四十七吴书二所载，孙权登基称帝第二年即公元230年，他派大将卫温、诸葛直率将士一万多人出征到达夷洲（今台湾岛），台湾从此与大陆的经济文化逐渐紧密联系在一起。因到亶洲即今日本的海路太远，此次出征最终未能实现从台湾岛到达日本的愿望。可以说，孙权是我国封建社会最先重视海外贸易、实行对外贸易政策的帝王。

曹丕

在此，笔者不妨把吴国这次出征的将士从台湾当地的长老口中听到的一个重要传说和长老介绍的有关情况按上述史著所载表述如下：

当年秦始皇派遣方士徐福携数千童男童女航海去求取蓬莱神山上的长生仙药（这是历史实事，只是徐福一行人最终到了哪里，为何不见返回，且此后又怎么全无音讯，秦人一概不知道）。传说结果止于亶洲就定居下来，不再返回大秦帝国。而今亶洲已有数万户人家了。亶洲的人民，时有到大陆吴国会稽经商买布匹的。会稽人入海行船，也有遭大风海流而移居到亶洲的。（我们作为今人，要感谢陈寿在写“三国”历史时把徐福止于亶洲的传说和当时的有关情况记载了下来。因为这传说让我们知道了日本国人至今为什么要庄严、虔诚地祭祀纪念徐福的原因，同时又向我们证明了中日两国的经济文化联系是源远流长的。但现代史学界有说亶洲可能是指琉球诸岛。究竟史实真相如何，我们只好存疑待考。）

三、魏、蜀、吴三国鼎立，一直处于为实现全国统一而彼此征战的状态之中。三国共历十一个帝、王、公，对治国的认识除孙权有重视对外贸易这一亮点外都没有什么新的发展（三国建立前和建立后，有两个突出的人物曹操和诸葛亮，都是我国封建社会以丞相身份治国的著名政治家。前者是东汉末年挟持汉献帝的丞相，受封魏王，死后被其当魏国皇帝的儿子曹丕追尊为魏武帝；后者是三国鼎立时蜀国辅佐刘备和其子后主刘禅即刘阿斗的丞相）。魏、蜀、吴三国国祚都较短，分别为四十五年、四十二年、五十一年（包括孙权称帝前当受封的吴国国王的八年是五十九年）。

第五章　魏晋南北分合

西晋、东晋、十六国、南北朝——公元265年至公元589年，计324年

第一节　“省徭务本”带来“太康繁荣”的晋武帝

晋武帝司马炎在其祖司马懿、父司马昭两代所建功业的基础上，用魏代东汉的禅让方式代魏建晋。他于公元265年（二十九岁）即位后，虽心中“密有灭吴之计”，但他没有急于对东吴动武，而是在政治、经济特别是军事方面抓紧做好各种准备，经过十四年的准备，公元279年，他一改以前对前线要求出兵东吴的建议迟疑不决的态度，力排朝廷众议，出兵南下，仅三四个月时间，就灭掉国力比较强大的吴国，结束了历时六十年的三国鼎立和晋、吴对峙局面，完成了国家统一大业。

一、东汉末年以来一直没有间断的战争平息了，人心思治、民意求安。晋武帝顺应这一人心、民意大势，在土地占有制度和税赋制度

等方面实行一些调动农民积极性的政策。晋武帝即位初，全国人口除因战乱逃匿外已不足一千万了，不及东汉初年二千一百多万的一半（只约占西汉末年五千九百多万人口的六分之一），大量土地荒芜，无人耕种。根据这一情况，他即位后，就多次诏令各级官吏要“省徭务本”。最得力的具体措施，一是于公元280年颁布和实行占田、课田制，即由政府招人民领佃无主荒地，租税交官府，所剩全归农户所有。二是奖励生育，女子十七岁未嫁的，由当地官员强行择配，一家有五女者，免其徭役。另外，令各州县政府打击商人囤积居奇的行为，国家设立“常平仓”，丰年买进荒年卖出以稳定粮价维持人民正常的生活（设立“常平仓”是西汉宣帝首创）。

他灭吴统一全国后，在继续执行“省徭务本”政策发展经济的同时，开始重视发展文化事业，实行比较开明的文化政策，使文学艺术方面的人才不断涌现，形成了后人称颂的“太康文学”（太康，是晋武帝在位期间的第三个年号）。

晋武帝即位后的前十五年所实施的以上一些经济政策和灭吴后的经济、文化政策，在他执政的后期即“太康”十来年见到了成效。全国经济文化得到一定程度的发展，人口增加到一千六百多万，民风好转，政府收入日益充裕。据《晋书·食货志》记载，“天下无事，赋税平均，人咸安其业而乐其事”，史称“太康繁荣”。

二、晋武帝是王侯子弟当开国皇帝，他在位执政二十五年，灭吴前雄心求治，用贤纳谏，并提倡节俭，可坐稳皇位特别是灭吴统一全国后，就开始“怠于政术，耽于游宴”[①]。他治国最大的失误有二：1、

① 《晋书·武帝纪》。

忽视中央集权的重要性，仿西周对皇室子弟实行分封制，封王爵的郡国就有二十七个，后增封至五十七个，还分封了公、伯、子、男等若干大小爵位，这为统治阶级内部宗室诸王间产生争权夺利矛盾留下了隐患。2、把神志不健全的次子司马衷立为皇太子，继位后成为历史上有名的白痴皇帝。比如，他三十二岁继位后，不理朝政，只喜欢整天玩乐。一次他听到灾荒地区老百姓没饭吃的报告后，竟一本正经地反问道："何不食肉糜？"（肉糜，即肉粥，他平时就喜吃肉粥）。其昏庸痴愚的程度，举此一例足矣。

晋武帝执政后期，国家虽出现了"太康繁荣"，但他个人却妄自尊大、骄奢淫乐（宫中女子多达万人。他每天乘羊车任羊驻足哪个宫妃的房门口，他就与那个宫妃夜欢。因羊有喜吃竹叶盐味习性，有心计的宫妃就洒盐汁于竹叶，置于门前）。治国多是因循守旧的老一套，虽发布了一些执清廉、爱黎元、抑游食、尽地利等重吏治和重民生的诏令，但由于他依靠的是朝廷难以严格约束的郡国多有宗亲依仗关系的官僚系统，所以诏令收效甚微，基本上都是没有得到贯彻执行的一纸空文。各级官吏竞相比富荒淫，国家政治很快变得空前腐败。

三、晋武帝的个人品德有两个亮点：

1. 一次，一个医官送给他一件"雉头裘"，在当时是件稀世华贵的衣服。晋武帝却当众大臣面把它付之一炬，以表示他清廉节俭。（有封建史家和帝王称道此事。）

2. 又有一次，群臣送礼祝贺他病后康复。他说："诸上礼者皆拒之。"① 还说："人主常以阿媚为患。"②

① 《晋书·武帝纪》。

② 《晋书·武帝纪》。

但史书又记载他即位后贪财好利，甚至和权贵们一起卖官爵以肥私。所以，他作为国君对待上述两件事的言行，也许是他即位初收敛剥削阶级贪婪本性一时心血来潮的正面所为，也许是他搞的一种政治作秀。

晋武帝司马炎死后只有一年，他创建的“三国归晋”的统一皇朝（史称西晋）就出现了皇室内部各郡国诸侯王同室操戈、骨肉相残、持续了十六年之久的“八王之乱”。西晋只历四帝，历时仅五十一年就从历史上消亡了。

西晋也算是一个短命的大一统皇朝。从治理国家上找原因，笔者认为：主要是没有吸取西周分封（导致受封诸侯国间兼并战争不断）和西汉郡县兼行分封（造成“吴楚七国之乱”）的历史教训；其次是担负治国任务的官僚系统基本建立在皇族宗亲和姻亲关系基础之上，出自朝廷的诏令、政策等不能得到预期的贯彻执行。

第二节　东晋皇帝没有一个在治国认识和功业方面有所建树

司马懿的曾孙琅邪王司马睿（司马觐之子）于西晋灭亡后次年，即公元 317 年，由于从北方南渡流亡的门阀士族大地主集团的支持和南方土著世家豪族大地主集团的参与，在江南建邺（今南京市）建立新政权，史称东晋。司马睿作为西晋末年丞相到建邺当年改称晋王。公元 318 年，他正式称帝（谥号晋元帝）。这个政权得以建立的阶级基础，完全是北方和南方的大地主集团，因此，它实行举贤不出世族、用法不及权贵的政策，沿袭魏国和西晋以来豪门士族掌权的任官体制，苟延偏安地维持了一百零三年的统治。经历十一个皇帝在治国的认识和功业方面都很平凡，没有什么建树。

东晋国祚长于西晋一倍，主要原因，笔者认为有三：一是司马睿十分倚重出身北方头等豪门士族的王导。王导有政治远见，才智出众。他在东晋政权的建立和巩固过程中起了决定性的作用（当时国人称“王与马，共天下”）。他为司马睿制定“谦以接士，俭以足用，以清静为政，抚绥新旧”[①]的治国方针，并从晋元帝起连续辅政东晋前期三代皇帝。二是东晋十一个皇帝大半是成年继位，虽有个别昏君和痴愚国君，但多数皇帝能“清静为政”，有些才略，基本没有外戚宦官专权现象。且中期又出现了很有政治才能的谢安连续在三任皇帝执政期间发挥重要作用。三是东晋与北方“十六国”在时间上相始终，其所处南方的地理、经济优势客观上有利东晋政权长时期苟延偏安。

---

① 《资治通鉴》卷八六。

第三节　“十六国”时期的知名皇帝石勒和苻坚

石勒是十六国帝王中的佼佼者。

“通关市，来远商”是对秦汉以来“重农抑商”政策的重大突破。

不学无术的平庸官吏为前秦皇帝苻坚所不容。

西晋是被其高级将领刘渊（匈奴族）起兵反叛建汉（后改为赵，史称前赵）以后灭掉的（被前赵第二代皇帝刘聪所灭）。从此，我国北方出现了几个少数民族建立的包括前赵在内的大小十六个地方独立政权（此外还有几个更小的地方割据政权，史书一般不予记载），旧史称“五胡十六国”，与南方的东晋皇朝长期对峙（胡，指少数民族，五胡即匈奴、羯、氐、羌、鲜卑五个少数民族）。

十六国历时一百三十五年，共历帝王六十个，大多在位时间短，在位较长、有治国作为且对治国的认识有所深化的，笔者只记两个：石勒和苻坚。

一、石勒出身北方一个破落的羯族部落贵族家庭，小时候家境贫困，随人行贩、帮人耕田以求生存。二十多岁时被一高官掠卖到外省成为一富户家奴。低微、卑贱、痛苦的经历，使他做事勤恳、为人勇敢精明。不久，免为佃户、从军，成为刘渊部下一员大将。后与前赵统治者发生矛盾，他以武力灭前赵，登上帝位，国号仍为赵（史称后赵），与东晋隔淮水对峙。

石勒称帝后，挥军横扫各种敌对势力，基本上使北方重归统一。他在位十四年很有作为：1. 另创一套有别于秦汉的具有羯族特点的中央机构和官制；2. 令地方州郡官员查户口、定租赋、简律令，减轻农民负担，加强社会治理；3. 设立专管农业的官员，巡行各地督促生产，鼓励开荒，大兴屯田，使农业生产得到发展；4. 奖励为官清廉、严惩贪官污吏，使吏治明显好转；5. 重视人才培养，下令在全国城乡立学馆、办教育，并从成绩优异的学生中选拔治国人才；6. 他还把汉族士大夫中的贤能人才集中在一起，号曰“君子营”，其中许多人被委以重任。这些汉族贤能人士帮他治国，使后赵对周边国家的政治影响远远超过江南的东晋皇朝。

石勒不识字，但他虚心好学。尽管他有杀人残忍的一面，但其治国能力、才干和功绩被史家誉为“十六国”帝王中的佼佼者。

二、氐族人苻坚是秦国（史称前秦）第四任皇帝（他去帝号，改称天王）。他继位后重用出身贫苦农家而博学多才的汉族知识分子王猛治国。天王苻坚在位二十八年，治国的突出之点有三个：一是重商贸。他在高度注重发展农业的同时，很注重发展工商业，实行“通关市，来远商”的商业贸易政策。这是对秦、汉以来传统的“重农抑商”政策的重大突破；二是厉行法治。他第一次提出了“治乱邦以法”的重要思想并把它作为治国方针；三是强调和重视后备官吏及现任官吏的培训学习。他要求公卿以下官员的子孙都要入学受业培训，并亲临太学视察，按他们学习儒家经典的成绩分出等次，以备选用。对现任文武官吏、将士，包括宫廷官吏宫女，他都要求严格，下令：“百石以上官吏，学不通一经，才不成一艺者，罢遣为民。”[①] 即俸禄百石以上官吏，如果对儒学“五经”中的一经都没有学懂，或者没有一门技艺特长，就不具备官吏资格，要罢免其职务，遣送回家当老百姓。可见不

① 肖黎主编：《中国历代名君》，河南人民出版社 1957 年版。

学无术的平庸官吏为苻坚所不容。

天王苻坚智勇双全，十九岁就发动宫廷政变，杀掉刚愎自用的残暴国君，登上皇帝宝座。他胸怀大志，以“混六合为一家”、统一天下为己任。在“治乱邦以法”的治国方针下，他选用人才，严厉打击豪强敌对势力，整肃吏治，使农工商各业迅速得到发展，几年时间国力就大为增强，超过东晋好几倍。随后他用武力灭掉北方的前燕、前凉、代国，使国威大震。他执政二十八年，前秦出现了“百姓丰乐、仓库充实”，“路不拾遗，风化大行”的太平小康局面。

淝水之战

天王苻坚的终身遗憾是由于他统一中国之心过于急切，依仗秦军对晋军的强大优势（面对淝水可以“投鞭断流”），不能坚持听丞相王猛临死前要他不可讨伐东晋的劝告，也拒听多数臣僚的劝告，以志在必得的豪壮骄傲气势，出动全国兵力，孤注一掷，企图一举灭掉东晋，结果遭到淝水一战惨败，自己也为流矢所中，单骑逃至淮北，再无回天之力。这时国内鲜卑、西羌等几个部族首领乘机自立，我国北方又陷分裂混乱之中。

第四节　南北朝时期皇帝的治国认识

视教育为治国之先的文盲皇帝。

“经国有体”——第一个认识到治国有其内在规律可循的皇帝。

北魏太武帝首创发动臣民整肃吏治。

我国古代社会坚决打击佛教的第一位皇帝。

具有重大政治影响和深远历史意义的北魏均田制。

东晋在淝水之战获胜三十多年后被刘宋朝取代而亡。东晋灭亡时，我国北方五个少数民族所建十六个国家中的大多数国家也先后灭亡了。东晋和“十六国”南北对峙的局面结束后，我国又进入南北朝大分裂时代。南方出现了依次取代的宋、齐、梁、陈四个皇朝，共历时一百七十来年，历史上把这四个朝代总称为南朝。北方由鲜卑族于公元386年建立的北魏灭掉原“十六国”中最后剩下的四个国家后于公元439年再一次得到统一，统一后约一百年北魏分裂为东魏、西魏两国，后来东魏被北齐取代，西魏被北周取代。这五个皇朝，从北魏统一北方开始，共历时一百四十多年，历史上把它们总称为北朝。南朝与北朝对峙是东晋与“十六国”对峙以来中国南北分裂局面的继续。

南北朝时期，南北九个皇朝共历五十三个帝王。治国方面有突出作为和深刻认识的，笔者只记述南朝的刘裕、萧衍两个和北朝的拓跋焘、拓跋宏、宇文邕三个。分述如下：

一、刘裕起自东晋民间。他是汉高祖刘邦的弟弟楚元王刘交的后裔。经过五百多年的世事沧桑，到东晋末年刘裕出生时，其家道早已破落，变得十分贫寒。他靠耕种、打柴、捕鱼、做贩卖小生意和参与赌博求取生存，后投身东晋军营。由于他骁勇善战且很有计谋，在东晋军队镇压农民起义和北伐敌国的一系列战争中，其军功卓著，不久就升为晋军重要将领。后又一步步掌握了东晋军政大权，在东晋朝廷内部权臣的谋划和大地主集团的拥戴下，公元420年，他以禅让方式登上帝位，祭天、大赦、改元，取代东晋而把国号改为“宋”（史称刘宋朝），是为宋武帝。

出身农民的刘裕小时没上学读过书，是个文盲，没有文化知识，可他当皇帝后对教育的作用认识很高。他说：“古之建国，教育为先。”[①]这是具有开创性的一种真知灼见。虽然自古以来就有教育事业（夏朝把对人进行正规系统知识教育的地方叫“校”，商朝时叫“序”，周朝时称“庠”），有些帝王如汉武帝、汉光武帝等也很重视教育，但认识到应把教育摆在治国之先的位置，使全社会注重学校教育，刘裕是帝王中第一人。同时他注重发展农业，“抑末敦本，务农重积”，还免除了东晋时的一些苛捐杂税和苛刻的刑法，甚合民意。此外，宋武帝刘裕“清简寡欲、严整有法度”、节俭戒奢（不修宫室，穿着、日用简朴等），一直不忘农民稼穑的艰难（皇宫卧室墙上挂着他当农民时用过的农具和穿过的破旧衣服），这在中国封建帝王中也是很突出的。

刘裕在位只有两年就死了（庙号高祖），他的儿孙们维持皇朝统治近六十年，其间他儿子宋文帝刘义隆继父遗志，顺应民意，大力鼓励发展农桑，又多次下诏减免农民租税，因而民生状况大为改善。他在位二十九年，江南社会经济、文化、治安、民风等各方面都一反东晋

① 《宋书·武帝本纪》。

后期的苟安腐败景象，农村“家给人足”，市邑“歌谣舞蹈”，人民安居乐业，国家“内外和睦，四海清平”，出现歌舞升平局面，史称“元嘉之治”（宋文帝在位期间的年号叫元嘉）。

二、梁武帝萧衍用禅让的和平方式夺取前朝南齐政权（南齐是取代刘宋朝而建立的一个朝代），改国号为梁（史称萧梁朝），成为开国皇帝。他治国有四个值得肯定的亮点：

1. 他第一个说出了帝王要有民主作风的话，否认帝王说的话都是正确的，他说：“经国有体，必询诸朝……主非尧舜，何得发言便是。”① 意即治国有一定的规律，一定要征询朝廷各部门官吏的意见。并非每个君主都是尧舜，怎么能够说的话都是对的呢。梁武帝这段论证帝王“何得发言便是”的话中，“经国有体，必询诸朝”作为一个论据，其实是一个深刻的治国观点，说明他认识到治国是有一定规律可循的，需要帝王和朝臣们共同探索。这是他关于治国的智慧火花的闪烁。而提出帝王“何得发言便是”这一论点，则表明他对封建君主专制持有不同看法。作为帝王本人提出这种符合实际、带有民主意识的论点，在我国古代社会帝王治国认识发展史上，具有独特性和首创性意义（后世只有唐太宗一人认同这一论点并用行动证明了它）。

2. 他是第一个提出为政要与时进退的帝王。他即位前说过：“可得与时进退，此盖万全之策。”② 意思是要随机应变，做好进攻、退守两种准备，即按实际需要处事，方为确保成功之策。“与时进退”比汉武帝“非期不同，所急异务”的说法更简洁明确，几近如今倡导按时代要求行事而提出“与时俱进”的治国认识了。

① 《梁书·武帝本纪》。

② 《梁书·武帝本纪》。

3. 他是第一个为了坚持封建国家中央集权而反对给统治秩序带来危害的政出多门的帝王。他说："政出多门，乱其阶矣。"[①] 意即国家的政令出自多门，这是一条产生社会混乱的道路。

梁武帝

4. 他于公元 521 年创办了中国历史上第一所孤独园，使衰老不能自己养活自己的人由国家供给生活用品。他说："衰老不能自存，官给廪食。"（汉朝已有关爱、尊敬七十岁以上老人的诏令。1981 年在甘肃武威县出土的文物《王杖诏书令》规定：对七十岁以上老人朝廷赐予王杖。持王杖者的社会地位很高，出入官府不受礼节限制，做小生意不缴税。如有人侵犯，则按蔑视皇上论罪，处以死刑）梁武帝在位四十七年，享寿八十五岁。这两条都创下了封建社会历代开国帝王中的最高纪录。

作为开国之君，梁武帝晚年带头信仰佛教（发源于印度，大约在西汉和东汉之际传入中国，魏晋南北朝大为流行），并宣布佛教为国教，在全国广修寺庙，极力提倡。他身为一国君主，还先后四次入寺舍身（舍身，指设斋会仪式，而舍己身入佛寺），表示要出家为僧，他最后

① 《梁书·武帝本纪》。

一次入寺时已八十三岁，在寺庙住了三十七天后被朝廷群臣用钱赎出，这也是封建帝王中仅见的。梁武帝此举不论从其主观愿望还是客观效果来说，都起到了导致人民精神麻醉、安于今生现状、以求死后转到来世而得享幸福的作用。这大概是他在当时佛教成风的历史条件下长时间保持其帝位的原因之一。信佛，也可能对其长寿有益。不过，在南北朝各国和各帝王忽兴忽灭的大背景下，能使梁武帝维持近半个世纪统治的主要原因是两条：

一是他执政前期二十多年勤政治国，重视民生，轻徭薄赋，注重选用人才等，使国民经济得到了一定程度的发展；二是他广泛收罗门阀世家和寒门素族的人为官，兼用并重，让他们作为政权的支持力量，对统治阶级中各阶层的利益进行协调，力求面面俱到都有照应，使统治阶级内部能大体上保持稳定。

一个次要原因，是他“慕名好事，崇尚浮华”（唐朝魏徵语），讲了不少利于获取人心、稳定政局的话。比如：

1.“夫有天下者，义非为己……今祝史请祷，继诸不善，以朕身当之，永使灾害不及万姓。俾兹下民稍蒙宁息，不得为朕祈福……”[①]意即占有天下的君主，其根本原则是不要一切只为自己打算……现在主持祝祷的官员，向神灵祝祷可将各种不好的事情由我一身承担，永远不使灾害降到百姓身上，使天下老百姓稍为得到一点安宁和休息。不允许为我向神明求福……

2.“为国在于多士，宁下寄于得人，朕暗于行事，尤阙治道……凡尔在朝，咸思匡救，献替可否，用相启沃。班下方岳，傍求俊乂

① 《梁书·武帝本纪》。

（音 yì，德高望重意），穷其屠钓，尽其岩穴，以时奏闻。”[①] 意即要治理好国家，在于多得知识型学者。要安定百姓，只能寄希望于得到人才。我不知道如何行事才正确，尤其对治国的规律缺乏认识……凡你们在朝的臣子，都要想着匡正帮助我，诤言进谏，用治国的道理开导我。向各地行政长官宣布，要向各方面寻求德高望重的老人，不论是隐居在屠肆鱼钓中的人，还是隐居在山林岩穴中的人，都要及时向我奏明。

3. “凡后宫乐府……一概放遣。”[②] 意即凡后宫歌妓人员……全部遣散。

梁武帝出身江南豪族世家，据《南史·梁本纪》载，他甚爱读书学习，是个博学多才、好为筹略、具备文武才干的高层知识分子，所以他当皇帝治国能有深刻认识和前期作为，也能说出如上有见解能赢得名声的浮华言词。另外，他因信佛长期素食不吃鱼肉、不饮酒、不近女色，身为皇帝穿用也十分节俭（一顶帽子戴三年，一床被子盖两年）。这方面在历代帝王中显得非常突出，甚得国人赞许。但他执政过于侧重保护统治阶级利益，尤其优容皇族子弟和官吏，虽犯法也全不受法律制裁，加上他治礼作乐，有些“以图粉饰太平”的搞法，特别是他治国后期二十多年常以巧言善辩之词驳斥谏言，拒听不同意见，且一心求佛，荒废政事，导致国家出现“侯景之乱”（东魏大将侯景降奔西魏后又投靠萧梁皇朝，被梁武帝萧衍认定印证其夜梦而封为河南王，第二年侯景却发动了围攻萧梁皇朝首都建康的军事叛乱），给江南人民带来了极大的战乱痛苦，他自己也落得个被侯景幽禁“所求不供”

① 《梁书·武帝本纪》。

② 《梁书·武帝本纪》。

而活活饿死的下场。他死后仅八年，萧梁皇朝就灭亡了。

有史家只看到梁武帝慕名浮华、虚假伪善和晚年痴迷信佛而造成国乱民苦的一面，忽视他在治国认识方面的一些亮点，而侧重批评他，这是有失偏颇的。

三、拓跋焘，是最后结束我国北方“十六国”局面，使分裂混战了一百三十六年的北方得到统一的鲜卑族北魏皇朝的第三代皇帝，庙号太武帝。最终统一我国北方，是这位鲜卑族皇帝的一个巨大历史功绩。他政治上早熟，十五岁继位，在位执政二十九年间，挥师东征西讨，成功开拓疆土，武功显赫；文治方面除了劝课农桑、重视民生、崇尚文教、倡导儒学和提倡节俭外，把整顿吏治看成是政权能否巩固，统治秩序能否确立的关键。他执掌皇权后第五年，二十一岁的拓跋焘下令在全国范围内查处了一批贪官污吏，要求地方官员不得玩忽职守，要严于律己以正身。他强调要加强刺史对官员的监督作用（刺史，官名，秦朝始设，职责是监督官吏），并定期考察地方官的德才和政绩。他二十九岁那年还针对官员中徇私情、淡王法、官官相护的官场恶劣风气，下诏宣布全国吏民都可检举告发不按法律办事的官员。这是太武帝拓跋焘首创发动和允许下层吏民协助政府抓吏治的举措。

拓跋焘由信佛转而崇道，认为佛教是“西夷”之教。他认为历来给大量佛教教徒沙门免租免役对他征集赋税和兵役进行统一全国的战争不利，因而先后两次下令灭佛，尤其是公元446年的诏令甚为严厉：“诸佛图形象及胡经，尽皆击破焚烧，沙门无少长悉坑之。”[①] 于是全国毁佛寺、坑佛徒、焚佛经、破佛像，收到了“一境之内，无复沙门”

① 《魏书·释老志》。

的效果，使佛教在中国北方遭到了一次毁灭性打击。北魏太武帝拓跋焘是我国古代社会坚决严禁和打击佛教的第一位皇帝。

为维护鲜卑族北魏皇权的威严，拓跋焘以有史以来罕见的残暴手段制造了中国历史上杀人无数的文字狱冤案。这是震惊北魏全国和当时周边国际社会的一个大案。北魏太武帝拓跋焘对此案的处理是他对国人和中华民族犯下的最大罪过。《资治通鉴》记述了此案的原委（没有其真实缘由的记载）：

丞相（当时称司徒）崔浩，博古通今，才华智谋盖世，曾被拓跋焘的祖、父两代皇帝赏识，逐渐得到重用。拓跋焘继位后，征战统一北方和治理北魏，多用崔浩计谋获得成功，对崔浩十分信任，言听计从。

为了宣扬北魏崛起强大的历史，崔浩受命兼领续编前代已写了近半的《国记》，遵旨“务从实录”。崔浩凭仗皇帝对他一贯的宠信有加，又很自信《国记》的实录可以彰显写史者的正直无私，遂擅自将三十多卷《国记》刻石立碑于京城。

由于《国记》上如实地写出了当今皇帝祖先的身世中一些不光彩的行为，立刻引起了当权鲜卑贵族的愤恨，控告这是崔浩故意暴露“国恶”，即亮出了祖先的恶行。拓跋焘因此大怒若狂，下诏诛杀崔浩和他的写作班子一百二十八人及其族人；诛杀崔浩的直系、旁系所有男女老幼；诛杀与崔浩有姻亲关系的各地几个姓氏全族；其他与此事有牵连的人也都遭杀害。此案（后世称“《国记案》”）被杀人数，当时北魏朝廷和史界没有统计（笔者认为，是人们看到了秉笔直书《国记》的悲剧所致），真是不计其数。但当时的史书上记载了拓跋焘杀崔浩第二天立感后悔，说：“崔浩可惜！”

武功文治比较突出、史评较好的拓跋焘这个鲜卑族皇帝处理此案的心态动机、滥杀无辜、草菅人命的手段和前后矛盾的表现（指食言和后悔），令后世一直难以理解。通过执法机关和他本人亲自审查，崔浩并无谋反等该杀之罪，也无功高震主之嫌，关于皇帝祖先的文章是遵旨实录，又非崔浩所写（崔只负有领编责任），指控中也没有崔浩擅自立碑之说，拓跋焘为什么要杀那么多人，其中绝大多数又都是国内人口占多数的汉族平民百姓。对此，没有史书记载真实原因，致使此案一千五百多年来成为封建社会史学界的疑案。

著名史学家白寿彝先生认为造成此文字狱冤案的主要原因，除了崔浩本人曾因政见的争辩得罪了包括皇太子在内的众多鲜卑贵族高官外，是当时北魏占统治地位的鲜卑族与国内原被征服而又参用的赵魏旧族的矛盾所致（笔者认为，这种矛盾在当时我国南北分裂的特殊历史条件下，具有北魏统治阶级内部矛盾和北魏朝内潜在的鲜卑族与汉族这一民族矛盾的双重性）

四、北魏第六任皇帝孝文帝拓跋宏（又叫元宏，因他改拓跋姓氏而用汉姓，故姓元），是南北朝时期所有帝王中认真学习儒家思想、借鉴汉族帝王统治经验和教训做得最好、治国敢作敢为的青年皇帝。他四岁继位，在位二十八年，其中亲政九年（三十二岁病逝）。他亲政前后，做了不少利国利民的大事，其中有一个治国重大举措，在历史上产生了深远的影响，这就是他成功地领导了一场北魏皇朝内全国性的改革。

自西晋末年以来，我国北方经历了“十六国”近一个半世纪的分裂战乱，北方人口减少过半，社会经济遭到严重破坏，农村土地兼并严重，逃避租税的人口很多，大量农田荒芜，无人耕种。公元 439 年，北魏统一北方。此后，经过八九十年时间，鲜卑族原来以畜牧经济为主的残余奴隶制游牧生活已转变为农业经济为主的定居生活，社会经济有所恢复。但当时落后的鲜卑族对比它先进得多的中原地区的汉族难以进行有效的统治，各地起义和暴动从北魏建国起就一直接连不断。加上南方的刘宋皇朝与之对峙，常有征战发生，致使北魏政局一直很不稳定。为了缓和阶级矛盾和民族矛盾以稳定、巩固政权和富民强国，十八岁的北魏孝文帝在其祖母冯太后的临朝听政（即代行皇权决策政务的临朝称制）下，祖孙俩不顾地主豪强和贵族世家的反对，于公元485年毅然决定采纳汉人官员李安世的建议，实行以推行汉化政策为指导方针的以均田制为主要内容的有利民生和顺应民意的大改革。这场改革客观上促进了北方鲜卑等少数民族与汉族在政治、经济、文化、风俗等各方面大融合。公元490年，冯太后去世，时年二十三岁的孝文帝开始独掌朝政，继续进行改革鲜卑族旧俗、全面汉化的改革。这场改革，史称“孝文改制”，其内容是多方面的（如对官吏开始实行俸禄制、惩治贪污、迁都洛阳、凡官吏改穿汉服，改用汉语、改用汉姓等等），这里只记其中他祖母冯太后生前已开始的两项主要内容：

第一、整顿户口，在全国仿照秦朝在地方基层建立乡、亭、里、什、伍制度实行三长制，取代北魏原来地方上通行的宗主督护制。三长制是五户为一邻，五邻为一里，五里为一党，分别设邻长、里长和党长，负责检查户口、征收赋税、摊派徭役、执行兵役和维护地方治安。从此，北魏建立了户籍登记制度，为后世隋、唐所沿袭（隋朝廷设民部，其主要职责就是登记、管理全国户籍）。

第二、在整顿户口，建立地方三长制的同时，坚持实行均田制（均田令在整顿户口前一年颁布，执行中认识到不建立三长制，此令就难以落实）。

孝文帝在颁布的《均田诏》中说："朕承乾在位，十有五年……富强者并兼山泽，贫弱者望绝一廛，致令地有遗利，民无余财，或争亩畔以亡身，或因饥馑以弃业。而欲天下太平，百姓丰足，安可得哉！今遣使者循行州郡，与牧守均给天下之田，还受以生死为断，劝课农桑，兴富民之本。"[①] 均田政策是：

1. 对无地和少地的广大农民，政府把露田（指没有种上作物和树木的无主荒芜田土）按统一的标准均等分配给他们，即凡十五岁以上男子和妇女分别授给露田四十亩和二十亩。露田多的地方，可以加倍以至加两倍授给，以备休耕。农民领授露田，只有耕种使用权，没有所有权，不准买卖，身亡或年满七十岁时要归还政府。另外，对每个十五岁以上男子给桑田二十亩，作为"世业"，有所有权，可传给子孙。桑田要按政府规定栽种桑、榆、枣等经济类林木，不宜种桑养蚕的地区，改授麻田。

2. 对有奴婢和耕牛的富家大户和豪强地主，奴婢作其家庭人口按农民标准授田；耕牛以四头为限，每头授露田三十亩。

3. 对地方各级现任官吏，按官职大小，除按农民标准授田外，另授给远远超过农民标准的土地，称之公田，离任时，公田归还政府或移交接任官员。如私下出售公田，依法定罪。

北魏均田制，兼顾了农民、富裕大户、豪强地主和官吏四者的利益，尽管这种兼顾并不公平，即明显地重点维护了有奴婢和耕牛的地主、富户和官吏的利益，但它使广大无地和少地农民平均分配到了土

① 《魏书·高祖纪》。

地。所以，它是一种有利社会经济发展的土地制度。

北魏均田土地制度的建立和推行，实现了北魏统治者的预期，收到了一个明显的治国效果，就是让广大农民有了所领露田的使用权和所分世业田的所有权，大大提高了生产积极性。同时，由于禁止露田买卖，也就限制了豪强地主、富户和官吏对穷苦农民土地的兼并，因而有力地推动了我国北方经济的发展和社会的进步，出现了粮食产量增加，人口剧增，“四方无事，国富民康”的局面。

北魏孝文帝领导实行均田制，直接原因是解决当时大量荒芜土地无人耕种的问题以发展农业生产实现富民强国和天下太平的目的，但客观上却是北魏政权在封建化过程中以国家法令对土地实行分配和调整，这是在一定程度上解决农民土地问题的一个伟大的成功的尝试，具有重大的政治影响和深远的历史意义。均田制，使我国北方当时大量逃亡游离的农民重新和土地结合起来，扩大了自耕农的数量和政府的纳税面，为后世西魏、北齐、北周、隋、唐等皇朝所采用。

均田制，是北魏鲜卑族统治阶级入主中国北方、接受汉族文明被汉化后的一个重大田制贡献。这个鲜卑族被汉族同化的历史事实，充分证明了：“野蛮的征服者总是被那些他们所征服的民族的较高文明所征服，这是一条永恒的历史规律。”①

孝文帝治国除领导实行了上述一场著名的改革外，他在这场改革开始前一年，十七岁的他和祖母冯太后惩治官吏贪污，其决心和力度之大，惩处之坚决和严厉，都远远超过此前历代帝王，这也是他在位期间治国的一个突出亮点。鉴于一些京城亲贵高官和地方官员贪赃敛

① 《马克思恩格斯选集》第四卷，人民出版社1972年版，第70页。

财，他下诏：“赃满一匹（绢）者死。”[1]然后，派使者多次巡行州郡，监察查访各地贪官污吏。当年就以贪污罪处死了地方各级官员四十多人，还惩处了皇室六个封爵为王的重臣和一个担任秦益二州刺史要职的外戚显贵，由此可见孝文帝和冯太后惩贪力度之强猛。史评孝文帝执政，“肃明纲纪”“时多奉法”。

五、鲜卑族人周武帝宇文邕，是北魏分裂成东魏和西魏、西魏又被北周取代后北周皇朝的第三任皇帝。他灭掉取代东魏的北齐，又使我国北方重归统一。

周武帝在位十八年，其间，他设计杀死了自北周建立以来一直把持朝政的专权大臣宇文护，使自己得以亲掌皇权。他以“修富民之策，务强兵之术”为治国基本方针，有三个突出亮点：

1. 破鲜卑族长期以来变战俘为奴的旧习，仿东汉光武帝，先后四次下诏释放奴隶和奴婢，使北周当时还存在的浓厚奴隶残余大为减少。

2. 对他的祖父宇文泰在西魏任丞相时所创建的府兵制（丞相府掌握国家军队，皇帝无权调动军队的制度）进行改革，使全国府兵特别是守护宫廷和卫戍京城的府兵成为只听命于皇帝以加强皇权的中央禁卫军。经他改革后的府兵制度，一直被后世皇朝沿袭到唐朝唐玄宗执政后期，在中国古代军事史上产生了重大影响。

3. 采用北魏创立的均田制，同时减轻农民税赋负担，特别是大幅度减轻农民的劳役。他诏令：“为治欲安，安在息役。”[2]北魏、西魏和北周初期农民徭役负担较重，如西魏时每个成年男子每年要服徭役两个月，周武帝时，改为一个月。

---

① 《魏书·高祖纪》。

② 肖黎主编：《中国历代名君》，河南人民出版社 1987 年版。

周武帝执政除上述三个亮点外，他在注重民生方面，采取了兴修水利、开垦荒地、改造盐碱地等措施，使北周经济有很大发展。他的个人品德也比许多封建帝王优秀。比如，他大力提倡勤俭节约，带头过艰苦朴素生活，且后宫嫔妃不过十人（他以前的绝大多数封建帝王都是嫔妃成千上万，后世只有清朝多数皇帝的嫔妃在十人左右）。

周武帝执政治国期间，富民强兵成效明显。正当他灭北齐统一北方后雄心勃勃准备实现中国南北统一之时却英年早逝，仅三十五岁。他为北周后来的重臣杨坚建立全国大一统帝业奠定了经济和军事基础。

4. 在南北朝时期大多数帝王都提倡佛教的大气候下（梁武帝和北魏孝文帝崇佛最突出），周武帝则坚持反对佛教和道教（道教属中国宗教，以宣扬鬼神为特征，和道家学派是两码事）。他先下令“儒教为先”（儒教，是南北朝时期把儒家思想当成一种信仰的说法），降低佛、道二教的地位，后下诏说：“断佛道二教，经像悉毁，罢沙门（佛教徒）、道士（道教徒），并令还民。”[①] 北周武帝宇文邕此举给佛、道二教以重创性打击（特别是佛教在我国的北方几乎湮没无存），让占北周（灭北齐统一北方后）全国人口十分之一的僧侣回乡为民，使社会劳动力猛增，同时也减轻了人民对寺庙佛道人员的供奉负担。

周武帝是我国古代社会帝王中继北魏太武帝之后坚决打击佛教的第二人。佛教在我国南北朝时期，虽然曾大为流行于中国北方从皇室到民间之中，却始终没有取得像在世界不少国家那样仅次于皇权一样的统治地位，上面两位鲜卑族皇帝率先相继反佛、禁佛，起了重要作

① 《周书·武帝纪上》。

用（后世还有唐朝的唐武宗和后周皇朝的周世宗也坚决打击佛教，史称“三武一宗灭法”）。这使中国没有出现宗教神权政治和政教合一的政权。周武帝打击佛、道二教，推崇孔孟儒学，使儒家思想在中国北方的正统地位又一次得到巩固。但佛、道二教作为宗教文化并没有因为“三武一宗”四个封建皇帝先后给予的打击和禁止而灭绝，它们在以后的发展进程中已逐渐融到以儒家思想为主的中国传统文化之中，成为中华悠久文明的组成部分。

六、南北朝共历九个皇朝，其中八个国祚短（六个只二三十年，两个不到六十年），唯北魏延续了一百四十八年，这与孝文帝成功的改革和自孝文帝起北魏最高统治集团大力倡导佛教、麻醉人民的反抗斗志不无关系。

第六章 隋富裕唐强盛

隋、唐（周）——公元581年至公元907年，计326年

第一节 注重以德治国的隋文帝

注重以德治国的皇帝。

“任者不休，休者不任”是一个特别深刻的治国用人思想。

隋文帝杨坚（公元541年—604年，庙号高祖），弘农郡华阴县（今属陕西省）人，出身公侯之家，其父是北周开国功臣，封爵为随国公。其母是鲜卑族人。有两族混合血统的杨坚成年后“姿相奇伟”，“眼如曙星”，即身材魁梧，相貌奇特，眼睛亮若晨星。他二十岁时继承了其父爵位。他的岳父是北周鲜卑族人，任职柱国大将军。他的女儿是北周末年暴君周宣帝的皇后。杨坚以皇后之父的身份，在北周朝廷任上柱国、大司马等要职。鉴于皇婿荒淫，他认为“周历已尽”，遂怀“我其代之”之心。到宣帝六岁的儿子周静帝继位时，杨坚以外祖

父身份辅政，总揽朝政，受封为随王。他辅政两年，整顿北周吏治、革除北周苛政，大获民心，赢得了很高的政治威望，且形成了他夺位代周的情势。周静帝下诏让他享受类似皇帝的坐车、出行等待遇。享受此待遇才半个多月，四十岁的汉族人杨坚以一种特别的和平方式即接受鲜卑族人周静帝的册令继皇位取代时年才八岁的外孙登上了皇帝宝座，改国号为隋，建立了隋朝，（杨坚认为“隋”比“随”好，不含走意），这年是公元581年。

一、杨坚以外戚身份建隋取代北周，尽管在当时有众望所归的理由，但按儒家正统思想来看，毕竟名不正、言不顺，他没有西周姬旦和蜀国孔明坚持君臣伦理之风，因而他称帝前就遭到了北周鲜卑皇族和其他外戚的谴责和反抗。杨坚以高超的政治谋略和强硬残忍手段为自己扫清代周的政治障碍。如设计处死了北周皇室六王，并将皇室子弟斩草除根，全部杀光，以后还杀了外孙周静帝，又打败了起兵反抗他的北周任州总管的三个其他外姓将领，使“宇文宗族无一存者……至无遗类”（北周皇帝姓宇文）。他称帝后，用北周当时拥有的强大军事力量和经济实力，于公元587年废掉立国

隋文帝

三十三年的附庸国后梁，接着于公元589年灭掉南方取代萧梁朝而已立国三十二年的陈朝，实现了全国统一。从此，我国自西晋灭亡后延续了近三个世纪的战乱不息、和平短暂的南北分裂局面宣告结束，天下又开始定于一尊。

此时，和八百年前秦朝建立结束了五个多世纪的战乱、民生状况迫切需要改善一样，隋朝统一中国后，也是全国人心思治，特别是从前朝得到均田的广大农民热切希望发家致富、过上好日子。这和秦朝从法律上肯定土地私有制并将土地载入户籍后，广大农民所怀有的热切希望是一样的。

二、隋文帝顺应民意，重视民生，下诏要求各级官吏对人民“施以宽政”，即革除周宣帝的暴政，让人民在宽松的政治环境里从事生产劳动，过安定太平的生活。这使他成为我国古代社会一位著名的开国之君。他不像秦始皇排斥儒家的仁政、礼治思想而只以法家思想治国，而是在坚持儒家思想正统地位的大前提下，既实行以法治国，又更侧重以德治国。

他说：“礼之为用，时义大矣……故道德仁义，非礼不成，安上治人，莫善于礼。”[①] 意即礼制的作用，对现实也有重大意义……所以道德仁义不依靠礼是不能形成的。要使国君安心，又治理好国人，没有比实行礼更好的办法了。

又说：“朕君临区宇，深思治术，欲使生人从化，以德代刑，求草莱之善，旌闾里之行。”[②] 意即我君临天下深思治国之法，想使人民听从教化，只有以德治代替刑罚，寻求民间的善良人士，表扬民间的高

① 《隋书·高祖本纪》。

② 《隋书·高祖本纪》。

尚行为。

要实行以德治国，就需要大批品德高尚的人才。所以，隋文帝就成为我国封建帝王中一个多次“诏举贤良”、求贤若渴的典型（汉武帝刘彻侧重有特殊才能的人才，魏武帝曹操重有才干的人才，隋文帝杨坚侧重品德高尚的贤良人才）。他这方面的言论较多，现举三例：

1.“朕惟夙夜祗惧……唯恐商歌于长夜，抱关于夷门，远迹犬羊之间，屈身僮仆之伍。其令州县搜扬贤哲，皆取明知古今，通识治乱，究政教之本，达礼乐之源。不限多少，不得不举。”[①] 意即我早晚都很敬畏……只怕还有人在长夜商歌（历史典故，说春秋时的宁戚有治国之才但不得志，他在齐国都城外贩牛，敲着牛角唱悲伤低音的歌。齐桓公考察后对他委以国事重任），在夷门那样的地方守关卫门（指战国时魏国隐士侯嬴为魏都城守门），在遥远的地方放犬牧羊，与奴仆们混杂在一起。现在我命令各州县都要搜求显扬贤哲的君子，找到那些明白知晓古今、透彻了解治理社会混乱、能懂得政事教化的根本、通晓礼乐源流的人，不论有多少，都要举荐。

2.“如有文武才用，未为时知，宜以礼发遣，朕将铨擢。”[②] 意即如果发现了有用的文武人才，未被时人了解，就应该依照制度打发他们来京，我要选用提拔他们。

3.“见善必进，有才必举。”[③]

隋文帝在注重以德治国方面，是第一个提出“任者不休，休者不

① 《隋书·高祖本纪》。

② 《隋书·高祖本纪》。

③ 《隋书·高祖本纪》。

任”[①] 观点的帝王。此话之意是：如果任用了品德不好的人为官，那么品德好的人就不可能被这样的人任用。这是一个特别深刻的治国用人观点。

隋文帝强调用品德好的人为官，他自己就是一个品德较好的皇帝，而且对人民有一种真诚的慈善、痛爱之心。这方面的事例较多（见《隋书·高祖本纪》）。这里，不妨列举几例：

① 巡察地方时，到民间访贫问苦；

② 为在前线阵亡的将士修造坟墓；

③ 执政十四年后为自己的治国过错而道歉；

④ 即位当年就大赦天下囚犯，以后又先后三次大赦，到死去那年还大赦了一次。在位期间，平均每四五年就大赦一次全国囚犯；

⑤ 有一次，他派近臣到饥荒严重的关中考察，得知老百姓吃豆末和米糠求取生存时，他在群臣面前流泪，深深自责，并在此后一个月不思酒肉之宴。以上四五两点，在他以前的历代帝王中，除汉文帝刘恒外，实属少见。

三、隋文帝在以法治国方面，有尽量减轻刑罚和减少死刑的特点，这就是“以轻代重，化死为生”。他即帝位后，立即着手制定《开皇律》（开皇，杨坚即位后所用的第一个年号，有类似始皇意，历时二十年）。这部隋朝大法，废除了以前各朝的一些残酷刑法（如男子宫刑即腐刑和车裂等），减少了不少死刑刑律，又规定凡地方州县所判死刑都要送朝廷大理寺（相当于今国家最高法院）核定，经三次奏请，才能决定行刑或不行刑。民有冤情，在县得不到公正处理，可逐级上诉直

① 《隋书·高祖本纪》。

至朝廷。

四、除以上以德、以法治国特点鲜明外，隋文帝治国还有以下几点比较突出，其中多数具有开创性意义：

1. 改革中央机构和官制，创立三省六部制，加强中央集权。三省，即中书省，负责国家大政方针的决策；门下省，负责审议内史省的决策；尚书省，负责执行国家大政方针。六部即尚书省下设的吏部、民部（唐朝避李世民讳改称户部，沿用至清末）、礼部、兵部、刑部、工部。这套治国理政的中央机构和官制，简称隋制，比秦制完备得多，为此后各个皇朝所沿用。

2. 改地方州、郡、县三级行政机构为州、县两级，精简了郡级机构及其人员，改变了南北朝以来“民少官多，十羊九牧”的局面，节省了行政开支，减轻了人民负担。

3. 高度重视吏治，建立对官吏的考核制度，规定刺史（隋时为州行政长官）、县令三年一迁，并严密侦察百官行为，奖励清官良吏，严惩贪官污吏。对清官典型公孙茂、刘旷、孤熙等提拔重用，并将其事迹颁告天下，号召官吏们学习。对不法官吏，从严处置。他三儿子秦王杨俊，生活奢侈，滥造宫室，杨坚勒令免其官职。大臣求情，他说：“皇子与百姓同律，否则，岂不要另立一个皇子律了？”杨坚作为一国之主，面对儿子的不法行为，能不徇私情，维护法律的尊严，是历史上许多身为帝王或高官的人难以做到的。他的行为在封建社会树立了“皇（王）子犯法，与庶民同罪”的样板。

隋文帝对人民施以宽政，对掌权的官吏和亲贵的要求却极为严厉，特别是对官吏的贪赃枉法行为十分痛恨。比如：他曾在《开皇律》条文之外，规定对贪盗边防军粮食一升以上的人都要判杀头之刑。又如，有一次他派几十名侍从护送西域使者出关，侍从们接受了沿途地方长官的礼物，他得知后，将他们全部处死。他一方面实行以丰厚的待遇赐授各级官吏的办法，促其廉洁奉公（孕育着对官吏高薪养廉思想的萌芽）；另一方面派遣使臣到全国暗察地方官吏，发现贪官污吏就严加惩处。他甚至常秘密使人给令（县长官）、史（州长官）行贿以测试其是否清廉，如令、史接受贿赂，便一定被处死（对受贿者不教而诛，则无异于对人使用暗算伎俩。后世唐太宗也试用过此法，但没杀受贿者）。隋文帝在大力奖廉惩贪的同时又兼以这般心态不算光明的独特方式抓吏治，促成了全国大批清廉官吏的涌现。他还借鉴北魏孝文帝对地方各级官吏授以公田的办法，对朝廷、省、部和地方州县行政机构都分给公廨田，其收入作为办公费用，不许另谋生计，与民争利，这也是促成当时大批清廉官吏涌现的一个原因。

4. 废除魏晋以来一直沿用的选官办法即九品官人法，于公元598年首创科举考试取士制度。（九品官人法又叫九品中正制，就是由朝廷选派"贤有识鉴"且声望较高的官员兼任其原籍郡县的中正官职，负责向朝廷推荐德才兼备的人才，将其评列为九品，即九个等级，以备朝廷选用为官。此选官制度为曹丕建魏称帝前夕建立。九品中正制，后演变成推荐出身世家名门的子弟作为上品高官人选，庶族寒门出身的人才只能被选当下品小官。）

科举制，摈弃了魏晋南北朝以前国家选官靠皇帝钦点和地方长官按孝廉标准凭个人好恶举荐的做法，冲破了魏晋南北朝以来世家名门子弟对当上品高官资格的垄断，使朝廷能在社会各阶层人士和广大平民中通过规定的科目考试，只凭学识成绩录用人才授以官职，因而大大扩展了选拔官员的渠道。这一破除传统选官方式和制度、体现公平的新的选官制度，对巩固国家的统治基础十分有利，为以后各个朝代所沿用。

这里，笔者有两点评议：第一，通过科举考试在统治阶级和被统治阶级中，为封建皇朝选拔治国人才，是隋文帝对人民“施以宽政”和其以德治国思想用于治国实践的必然结果。隋文帝这一给民间人士参政理政开辟渠道的创举，像秦始皇创建全国大一统中央集权的政权模式一样，也是他对中国封建社会的一个既重大而又突出的贡献；第二，科举制沿袭到明、清，已出现许多弊端，终于到清末（公元1905年）被废止。但是，通过出题考答、公平竞争的方式，让社会各阶级、各阶层中没有世家门第和官场背景而又有突出学识才华的人进入国家政权机构，是国家开发利用治理政事人才资源的一个重要举措。隋文帝这一有利于巩固封建地主阶级统治地位的创举，对中华民族后世治国具有长久的“古为今用”的借鉴意义。

5. 他即位当年，诏令全国继续坚持实行北魏的均田制，其具体规定比北魏、北齐、北周的均田制更加完备，极大地激发了广大农民发展农业生产的积极性。同时，他仿汉文帝，大幅度减轻人民的税赋负担，有些税收和徭役全免。和南北朝时期相比，服劳役的男丁年龄由十八岁提高到二十一岁，后来又把免除劳役年龄由五十九岁提前到五十岁。还将岁役从一月改为二十天。此外，他重视兴修水利。这些举措对保障和改善民生明显有利，深得民心。

6. 他下令在全国推行“大索貌阅”和“输籍定样”法，即核查应纳赋税和负担徭役的人口（对照户籍上的年龄和体貌实况）和划分户籍等级以确定税额。这是一次自秦汉以来对户籍最认真的清查和整理。此举使向国家交纳租税的户口猛增，大大增加了国家的粮食积蓄和赋税收入。唐人杜佑认为“隋代之盛，实由斯也”[①]。

7.鉴于南北朝时各国长期分治，形成了各种各样的货币和不同的长度、重量标准，他仿秦始皇下令统一货币和度量衡。

8.他吸取秦始皇追求个人享乐的教训，高度崇尚节俭，除自己身体力行外，还不许皇室和宫廷人员奢侈浪费。比如宫妃都穿洗旧的衣服，乘坐的车辆破旧了，都再三修补[②]。他早在即位之初就下诏：“犬马，器玩、口味不得献上。”[③]

五、隋文帝在位治国二十三年。由于他励精图治，勤政非常（“晨则临朝，日落不倦”），结果，全国户数猛增（他即位初，除尚未统一的陈国约百万户外，不足四百万户，到他在位末年包括已统一的陈国，超过八百九十万户）、耕地倍增（大大超过汉朝盛世）、政治清明、经济繁荣、社会安定、国力强大。唐初所撰《隋书》描绘当时的社会景象是：“仓禀实，法令行，君子咸乐其生，小人各安其业，强无凌弱，众不暴寡，人物殷阜，朝野欢娱，二十年间，天下无事，区宇之内晏如也。”在不少产粮地区“库藏皆满无所容，积无廊庑”的情况下，隋文帝只得下诏全国免征一年赋税。到隋文帝执政后期，国家已拥有空前的财富积蓄（主要指粮食），“是时仓库盈溢”“计天下储积，得供五六十年”[④]。国家出现如此兴旺太平景象，特别是“强无凌弱，众不暴寡”和“朝野欢娱”，真不容易（隋朝是被唐朝取而代之的。隋文帝执政治国所出现的社会景象，不是隋朝人自己写的，而是由唐初曾亲

① 《通典》卷七。

② 《隋书·食货志》。

③ 《隋书·高祖本纪》。

④ 《贞观政要》卷六《论奢纵》第二十五。

身参加过反隋斗争的几个重臣共同写出来的。所以，《隋书》的上述描写应该是如实的，不可能有夸大、虚假之处）[①]。后世有帝王和史学家认为，“古今国计之富莫如隋”（此评包括杨广继位头几年的储积）。历史上把“开皇”所历二十年国家安宁和富有都不同寻常的治世，称为“开皇之治”。“开皇之治”是我国古代社会进入中期阶段后出现的第一个大一统朝代的治世，它和接着出现的初唐“贞观之治”、盛唐“开元之治”一样，也是一个值得充分肯定和认真总结的大治之世。

六、隋文帝杨坚由人臣夺取帝位而成国君的经历，使他对群臣总是“心存疑忌”（唐太宗语），又常以杖“殿廷捶人”（司马光语），这使得朝廷言路堵塞，群臣才干不能充分发挥。晚年他的疑心更重，生怕哪一天有权臣夺取隋朝帝位，这使他把功臣故旧杀得所剩无几，也使他变得刚愎自用，拒听谏言，喜独裁专断。这是他治国过程中最为明显的一个缺点。他不喜读书，死前三年下令废除学校，“唯存国子一所，弟子七十二人”，实行愚民政策，以便维持杨氏家天下的长久统治，这是他治国最为严重的一个过错。他在位后期（其皇后死以后），追求淫乐，耗资巨万，建造仁寿宫，致使丁夫死亡数万人。全国还出现了几处小规模的农民起义。这都证明他治国做到了善始而没做到善终。他治国最惨痛的教训，是忽视了对自己身后继位人做深入细致的严格考核，让其次子杨广骗取了他的信任，废皇太子杨勇而立杨广为太子成为皇位继承人，以至六十三岁病中被杨广指派亲信所杀。这是杨坚遗恨千古的失误。一个注重以德治国的皇帝，恰恰被一个品德极为恶劣的儿子接替了他的帝位和事业。

① 《资治通鉴》卷一九二。

隋文帝杨坚治国有上述缺点、过错和失误，但与其治国功绩相比，那都不过是十分之二三的问题。所以《隋书》说他是“近代之良主”，现代历史学家范文澜说他治国使“全国安宁”“社会呈现空前的繁荣”，创立隋制对历史“有巨大的贡献”。古人和今人都强调他的治国之功，给以肯定评价，说明他是一个为后世治国提供了大量正面经验、功远大于过的开国之君。

第二节　品德恶劣的败家亡国之君隋炀帝

杨广最热衷巡游淫乐。

口是心非、欺世盗名的皇帝典型。

一、杨广于公元604年（三十五岁）继位，是为隋炀帝（死后无庙号）。他仪表堂堂，聪明善文，武艺不凡，又心计深沉，很有才干，但为人诈伪狠辣。其父杨坚称帝后，封他为晋王，他十九岁时其父凭借隋朝远远超过南方陈朝的经济、军事实力，命他统领五十余万水陆大军在隋初几个著名将军辅助下，非常顺利地一举灭掉了已经变得极为腐败无能的陈朝。三十一岁那年，他又受命领兵大败入侵的西突厥，因而“声名籍甚，冠于诸王”。他继位后有为国家建立文治武功的帝王雄心，也一帆风顺地取得了几项治国的成就和功绩，可是他没有实现雄心必经艰难挫折的思想准备，一味好大喜功，且追求虚荣和享乐的欲望极为强烈，又热衷巡游享乐和穷兵黩武，因而违背了治国之道，把治世很快变成了乱世。在封建社会史学界（包括魏徵和司马光等）很少有人肯定其治国成就，一致评论他“矫情饰行，以钓虚名”，是个荒淫无耻的暴君。

二、杨广在位（年号“大业”）十四年，以其父打下的雄厚物质基础和“大业”头四五年社会财富继“开皇”之后的大增（此时隋达富饶顶点）为本钱，大建宫殿，滥用民力；大肆挥霍，不惜财力；大动干戈，不断征战，很快导致国家财力不支，以至全国一些地方强迫农民预交几年以至十年的赋税。使全国出现了“人饥相食，邑落为墟”的惨状。国内阶级矛盾很快激化，他继位后第七年，各地农民不断起义，“四十八路烟尘”骤起，隋皇朝迅速走向败亡。

隋炀帝

三、杨广治国很重视新办教育，也强调人才的重要性，避开他选用人才的标准不谈，他有两个论及人才的观点值得肯定：

一是用人不搞大汉族主义。他说：“随才任用，无隔夷夏。”[1]意即根据才能大小、不论属哪个民族而加以任用。

二是用人要敢于破格越级提拔。他说：“十步之内，必有芳草，四海之中，岂无奇秀。诸在家及见入学者，若有笃志好古，耽阅典坟，学行优敏，堪膺时务，所在采访，具以名闻，即当随其器能，擢以不

① 《隋书·炀帝本纪》。

次。”① 头句易懂，免译。第二句称凡在家里或现已入学的人，如有专心致志研究历史、学业品行优秀明达、能担当起现在国家事务的人，就要全面进行采访，把他们的名字报告上来，而且应该立即根据其才干，越级提拔。此外，他发展其父创立的科举制，首设进士科，为国家选拔高层次从政人才，这一点也值得肯定。

四、杨广的个人品德极为恶劣。他继位前，伪装节俭，投其父母所好；诬害“抚军监国几（近）二十年”的兄长皇太子杨勇，夺其继位权；父皇病中，调戏其爱妃乱人伦，默认同党毒害父皇；接着杀害杨勇。这些违背人间天理良心的事情他都做了出来。他实现政治野心而继位后，继续玩弄伪装伎俩，又企图骗取国人的信任，说的话俨然一代明君之语。除上述关于人才的两段话外，还有如“民为国本，本固邦宁”“今所营构，务从俭约”“四海之远、兆民之众，未获亲临，问其疾苦”②，等等。而他的所作所为与这些言论却相去甚远。为了自己的统治利益言行不一，是不少封建帝王的通病，但唯杨广是所有帝王中专任佞谀、饰非拒谏、欺世盗名的一个典型。

五、杨广执政期间，除用武力扩大国家疆土外，做了几件明显有利民生的事，其中有的成就非凡，是其治国之功，不容否定。如：

1.“除（免除）妇人及奴婢、部曲之课，男子以二十二成丁。”③（男性开始服劳役的年龄比其父规定的提高了一岁。）

2. 仿东汉光武帝大刀阔斧精简机构，裁减冗员，成绩斐然。

3. 动员几百万民众（其中因“男丁不供”，妇女也被征服役），短

---

① 《隋书·炀帝本纪》。

② 《隋书·炀帝本纪》。

③ 吕振羽《简明中国通史》第十二章，1957 年第 1 版，第 280 页。

短五年多时间开凿了以洛阳为中心沟通南北、全长二千四百多公里的大运河，有利当时和后世一千三百多年的水运交通、文化交流和沿河地域的农业灌溉。这是他对国家的一个重大贡献。中国大运河是当时世界上最伟大的水利工程。至于他为什么决定开挖运河，至今尚无准确史料作依据，史家们出于分析有多种说法，如有政治上加强中央对地方监控的用心，也有军事上便于向江南炫耀武力的考虑，也有经济上便于南北漕运、军运交通和向朝廷运送贡赋的动机，更多的则说其用意是为了方便他个人巡幸江南。笔者此处是从大运河客观上有利民生而把隋炀帝决定开挖运河当成其治国的非凡成就的。

4. 两次派官到琉球（今台湾，秦汉时称夷洲），接着又派兵万人到达台湾岛，密切了台湾与内地的经济文化联系，为台湾到唐朝时，划归岭南节度使管辖提供了前提条件。

5. 采取一些外交措施，加强了隋朝与日本、南海各国和西域的经济文化往来。

六、隋炀帝杨广当一国之君十四年，其治国最大过错是中后期严重忽视发展直接关系民生的农业生产，只注重连年不断地征发兵役和徭役，滥用民力，不是大兴土木建筑就是从事侵略战争。他自己则“靡有定居”，住在京城不足一年，其余十三年或住在他下令新建的洛阳处理国事或在巡游享乐中度过。

在这个执政中后期玩忽职守的国君统治下，其皇父执政时原本已变得政治清明的隋朝，“于时朝政渐乱浊，货贿公行，凡当枢要之职，无问贵贱，并家累千金。天下士大夫莫不变节”。地方上，“于时政刑日紊，长吏多脏污”。一些文帝时洁身自好的官吏，置身污浊环境，“颇改旧节，受纳货秽”。一般官吏也利用职权“因缘侵渔”。在这种贪政超常的情况下，人民付出血汗所得到的劳动成果只有用另一种付出血汗的方式来保卫。从他执政后第七年开始，农民起义在全国各地爆发。统治阶级内部也不断出现叛乱和自立为帝的割据势力。他采取以杀对乱的方针，在镇压叛乱和大杀造反农民及其九族等无数无辜百姓的同时，个人仍放纵荒淫享乐。他是在巡游江都（今江苏扬州市）期间禁军卫队发生叛变，被他的卫队部下活活绞死的。隋炀帝是一个把“大业”初期治世变成“大业”中后期乱世的有巨功大过的败家亡国之君。也可以说，他是我国古代所有亡国之君中在执政前期有治国巨功的一个典型。

对于隋炀帝杨广，只看到和强调他治国的巨大功绩，忽视和看轻他治国的重大过错，与历史事实不符；反之，只看到和强调他治国的重大过错，忽视和看轻他治国的巨大功绩，同样也与历史事实不符。评价他的关键看点是：隋朝在他治理下走向乱世而终结。

隋朝历三帝，仅存在三十七年而亡（第三任皇帝是杨广死前一年被李渊在率军进占京城长安后奉立的杨广之孙、时年十二岁的杨侑，他一年多后被杀，谥号恭帝。所以实际上隋是“二世而亡”）。

七、杨坚在位末年到杨广继位头四五年，隋朝储积（史载粮食达数千万担，布帛几千万匹）所达富饶程度的确超越以往。隋朝重视财富储积，目的当然不是为了人民，而是为了长久维持隋朝杨氏家天下的统治。可是，与隋文帝的主观愿望相反，人民在他死后仅十四年、隋朝储积还大部尚未动用的时候，就把他建立的隋朝推翻了。这和此前八百多年人民推翻拥有强大军事力量的秦朝一样，隋朝的急速败亡，也引起后世人们对治国问题无尽的思考。

大一统的隋朝快速败亡的主要原因，笔者的看法：一是就开国之君隋文帝而言，他没有选好皇位继承人，被杨广的表面伪装所蒙蔽。二是就继位的杨广而言，他没有继皇父遗志，治国中后期穷奢极欲只重个人游玩淫乐和获取虚荣，严重违背民意，造成民力耗费至极、民生困苦不堪和吏治腐败、贪政非常的局面，致使统治阶级和被统治阶级的矛盾以及统治阶级内部的矛盾全面爆发，不可收拾。哲理层次上思考，其速亡留给世人的深刻教训则是：一个国家，不论其社会制度和政治体制如何，即使军事力量再强大（如秦），物质财富再雄厚（如隋），如果民生不能得到最基本的保障，民意不能得到最起码的顺应，那么，这个国家就一定会或早或迟走向衰落、败亡。

第三节　打着“尊隋”旗号而灭隋的唐高祖李渊

出身名门望族、七岁时袭封祖父和父亲两代唐国公爵位、杨广的姨表兄、政治上“素怀济世之略”、有宽仁容众和机谋算计之心，但谨慎有余决断不足的隋朝重臣、太原留守李渊，在全国农民起义烈火熊熊燃烧之时，谋划决策打着“尊隋”旗号起兵进入都城长安，先立少年杨侑为隋帝，自己由唐国公升封为唐王，接着又以禅让方式代隋建唐，改元武德，是为唐高祖。

一、李渊只当了八年开国皇帝，主要精力用于剿灭各地农民起义军和地主武装集团的割据势力，对如何治理国家除参照隋《开皇律》制定《武德律》，确立首崇道教政策，恢复科举制，兴办学校，颁布均田法和租庸调法，实行让农民休养生息等拨乱反正的政策外，没有多少时间来考虑。李渊颁布的均田法规定：十八岁以上男子分给口分田八十亩，永业田二十亩。每年只需向政府交粮二担（比“三十税一”

还轻），这是租；每年服徭役限二十天，且可纳绢代役，叫庸；每年向政府交纳布二丈五尺、麻三斤叫调。这和隋末不少地方向人民强收数年赋税、全国劳役没有止境相比，真是天壤之别。

二、公元618年唐朝建立前后，李渊和他已成年的三个儿子（第李云霸未成年早夭）齐心协力以军事武力扫清寰宇，最后实现全国统一。公元626年六月四日，李渊次子秦王李世民面对长兄皇太子李建成和弟齐王李元吉因嫉其战功显赫而合谋欲除掉他的严峻局势，凭仗自己在随父起兵灭隋和统一全国战争中形成的文臣武将云集的强大势力，密谋设计，先发制人，发动“玄武门之变”，建成、元吉早朝刚入玄武门时，被事先埋伏在那里的秦王府军队所杀，李世民获胜。此时正在海池（皇宫人工湖）泛舟的李渊得知此事结果后，面对皇太子建成及其五个儿子都被杀死、齐王元吉及其五个儿子也都被杀死、自己也已受到秦王府军人的控制即世民的势力已在朝廷取得完全主导地位的严酷现实，只得在“玄武门之变”后第四天顺势立世民为皇位继承人，两个月后，即八月八日，宣布自己退位，当年满二十八岁（还差四个月）的李世民登基承接皇统。从此，李渊成为不理朝政的养老型太上皇。九年后，他六十九岁时病逝。

三、李世民和隋朝杨广都是从兄长手里夺取皇位继承权成为合法继承人的，他们都是中国古代历史上在父皇生前夺嫡长子继位权成功的典型。所不同的，杨广的成功，是出于野心而使用伪装和诬害手段；李世民的成功，则是出于自卫而运用密计和武力。同为夺取继位权成为“二世之君”，历史对他们公正地做出了截然相反的结论：杨广是使国家由大治变为大乱、给人民带来深重灾难的典型败家亡国之君，李世民则是把国家由大乱变为大治、被人民称道怀念的典型守成兴国之君。

第四节 首先提出把没有私心当作选贤标准的唐太宗

认真总结历代治国经验教训用于治国实践的皇帝楷模。

“夫选贤之义，无私为本”——首先提出把没有私心当作选贤标准的皇帝。

所有建立在私有制基础上的国家由兴盛走向衰亡的实质原因。

反对个人崇拜，不搞个人迷信的明君。

实行民族平等政策的“天可汗”。

唐太宗李世民（公元599年—649年）雄才大略、足智多谋、文武兼备、“玄鉴深远，临机果断”。他勇于打击、征服、镇压和善于分化、瓦解、利用包括农民起义军在内的各派政治势力，在助其父夺取天下的血雨腥风斗争过程中立下了盖世之功。毛泽东评价他是我国封建社会在夺取国家政权的战争中最善用兵的一位军事统帅，说：“自古能军无出李世民之右者，其次则朱元璋耳。”[①] 这位能征善战的青年军事家继位后的治国实践又证明他是我国古代社会光照青史、堪称古代巨人的开明国君。（他继位次年起，改元贞观。）

李世民青年时代就胸怀大志，有着远大的政治抱负。这里，笔者举他三首格律诗中的诗句为证：他率军征战途经故乡时赋诗二首，其中一句“四海遂为家”；他父亲建唐称帝时，又写下十行诗句，其中一句“慨然抚长剑，济世岂邀名”；他未满二十八周岁登基继位时，

① 王全乐主编：《毛泽东评点二十四史》，中国档案出版社、北方妇女儿童出版社2002年版，第299页。

题写《咏风》诗一首，其中一句“劳歌大风曲，威加四海清”。

一、唐太宗对以前各朝代兴衰存亡的原因特别是隋朝杨坚、杨广父子治国的经验教训认真总结，认识很深刻，也较全面。这在历代帝王中，他是很突出的一个。他继位初，考虑到自己是第二代国君，他特别重视秦、隋两朝“二世而亡”的教训。为“鉴前代成败事”，他特意选用“学业优长，兼识政体”的文职官员，引置左右，常与之谈论经史。从他在位期间关于治国的可汇编成文集的许多言论看，可归纳出他最看重的是以下三条：

唐太宗

第一，国君要有自知之明，能听逆耳之言，不好阿谀奉承。

他说：“人君在上，皆欲永享其万乘之尊，以垂百王之后。然得失异趣，兴灭不常者，何也？盖短于自见，不闻逆耳之言，故至于灭亡，终身不悟，岂不惧哉。”[①] 这段话明确指出了高高在上希望永久保持皇位和其家天下的国君最难做到的一条就是有自知之明，不喜阿谀之词，能听逆耳之言。做不到这一条的后果是导致国家灭亡。可亡国之君还终身不知其亡国的原因就是他自己恰恰

① 《唐太宗集·金镜》。

没有做到这一条。“人苦不自知耳！”[①] 所以，作为主宰国之沉浮的君主，要有自知之明即思想首先不能脱离自己的实际。这一条，是帝王治理好国家自我思想上的先决条件。

帝王们为什么最难做到这一条呢？他进一步分析道：“良由逆耳之言难受，顺心之说易从。彼难受者，药石之苦喉也；此易从者，鸩毒之甘口也。”[②]

唐太宗还深刻地揭示了一些国君往往出于维护个人尊严和权威的考虑拒听不同意见而造成言路堵塞的原因。这就是国君对“说者拒之以威，劝者穷之以罪”，因而“大臣惜禄而莫谏，小臣畏诛而不言”。[③] 朝政局面一旦成了这个样子，臣僚们都顺君主之意说话，国君就只能听到颂美之词一种声音了。唐太宗嘲讽这样的国君还自以为“德超三皇，材过五帝，至于身亡国灭，岂不悲哉”！[④] 他认为这种没有自知之明、拒听谏言，因而脱离实际、得不到真实情况的国君是可悲的，也是可笑的。

唐太宗自己在治国过程中，广开言路，虚怀若谷，从谏如流。他十分重视不同意见，只以正确为标准，不计身份贵贱，不计言辞有无文采。

他说：“言之而是，虽在仆隶刍荛（割草打柴的人），犹不可弃；言之而非，虽在王侯卿相，未必可容。其议可观，不责其辩；其理可

① 《资治通鉴》卷一九五。

② 《唐太宗集·去谗篇》。

③ 《唐太宗集·纳谏篇》。

④ 《唐太宗集·纳谏篇》。

用，不责其文。”[①]

由于唐太宗只以符合实际为标准对待臣民的各种意见，所以，尽管他没有下诏号召全国臣民向他进言，却收到了大大调动全国臣民为他治国献计献策的主动性和积极性的效果。他执政期间，从朝廷丞相、文臣武将、地方各级官员直到县令小吏以至宫廷侍女和家庭佣仆都敢于上疏直谏，实现了超越以往的谏路畅达，所以，朝廷内外一度形成了以进谏为忠的风气，国家政治生活空前活跃。

中唐“卓越政治家”（范文澜评语）、唐德宗时良相陆贽对唐太宗开怀纳谏、虚心从谏评价说，唐太宗之所以“有经纬天地之文，有底定祸乱之武，有致理太平之功”，“为其首焉”的原因，是他能“从谏改过”。并认为“谏而能从，过而能改”是“帝王之大烈”意即帝王光明磊落、有志于建立功业的最好体现。为什么这样说呢？陆贽进一步论述说，因为世界广大，社会复杂，“以一人之所贤，而欲穷宇宙之变态”是不可能的。国君只有虚受广纳，勤于接下，“总天下之智以为聪明，顺天下之心以施教令”，才能使下情上达，上情下知，君臣一致，政权巩固。笔者认为，陆贽以上评述印证了一百五六十年前唐太宗对魏徵谏言的评价：“常念魏徵随事谏正，多中朕失，如明镜鉴形，美恶必见。”实属真知灼见。

第二，要重视选用治国人才。

唐太宗继位后先后五次颁布求贤诏。他和汉武帝一样认识到人才对于治国具有极端重要性。

他说：“为政之要，惟在得人。”[②]这是唐太宗继位之初，还未满

---

① 《唐太宗集·纳谏篇》。

② 《贞观政要》卷七。

二十九周岁那年对大臣们说的话。意即掌管政权治理国家或地方，唯一重要的是要得到合适的人才加以任用。这是一个非常重要的为政之理。因此，他治国特别重视德才兼备的人才的搜选和使用。

他说："夫国之匡辅，必待忠良，任使其得人，天下自治……是以明君旁求俊乂（yì音义，指德高望重的人），博访英贤，搜扬侧陋，不以卑而不用，不以辱而不尊……虽照车十二，黄金累千，岂如多士之隆，一贤之重！"[①] 意即国家必须依靠忠良之臣匡辅。国家任用的官员都是适合的人才，天下自然太平。所以英明的君主普遍求取德高望重的贤人，广泛寻求杰出的人才，搜罗显扬地位低微而有德才的人，不因地位低微或受过辱而不任用不尊重。虽然有照耀十二辆车子的明珠和成千上万的黄金，哪里比得上众多士人的兴隆被用，又哪里比得上对一个贤人的重用呢？（后世所说"千军易得，一将难求"可能就是从他以上最后一句话引申出来的。）

又说："为官择人，不可造次。用一君子，则君子皆至；用一小人，则小人竞进矣。"[②] 此治国用人认识，入情如实，通俗深刻之极。

又说："人主多恶正直，阴诛显戮……朕践祚以来，正直之士，比肩于朝，未尝黜责一人"。[③]

历史上大多数帝王对人才在建国和治国中的重要作用都有不同程度的认识，但像唐太宗如此看重人才，对知人善任的思考如此深刻，却前所未有（超过汉高祖、汉武帝、魏武帝和隋文帝）。这是因为他认为国家的治或乱与用人关系极大。

---

① 《唐太宗集·求贤篇》。

② 转引自中央政策研究室哲学历史研究局：《史论十三篇》，红旗出版社2002年版。

③ 转引自杨飞：《中国皇帝大传》，光明日报出版社2004年版。

他说："乱，未尝不任不肖；治未尝不任忠贤。任忠贤，则享天下之福；用不肖，则受天下之祸。"[①] 意即社会混乱，没有不是由于任用不才的人做臣子的；天下大治，没有不是因为任用了忠贤人才的。所以，他继位才半年，就下令并减州县（州比原来减少三分之一，县比原来减少一半，朝廷官员裁减了十分之九），精简官员的原则就是"任官唯贤"。

唐太宗选用治国人才坚持一个重要原则或者说根本标准，就是没有私心。他说："夫选贤之义，无私为本。"[②] 这是关于治国用人的一个极为重要的理论观点。

对唐太宗上面的选贤理论观点，笔者评议如下：

1. 唐太宗在封建社会私有制度下，把没有为私之心即通常所说的私心，作为国家官员"贤"的根本标准，是人类智慧灵性的闪光。这一选贤标准，从根本上揭示了治国的一条重要规律，即权力可以与为公之心结合也可与为私之心结合。国君只有使权力与为公之心结合，才能把国家治理好。唐太宗这一治国重要理论观点，含有天下为公和官员应有人民公仆意识的萌芽。（孔子在描述原始氏族社会时最先用"天下为公"一词，后世孙中山号召建立"天下为公"的大同世界。）

2. 公共权力，通常简称权力，是一种强迫性的控制力量即强制力量。它是社会中出现"经济利益互相冲突的阶级"，为"缓和冲突，把冲突保持在'秩序'的范围以内""不致把自己和社会消灭"而由统治阶级在建立国家的同时以"不可侵犯"的法律形式设立的，并为被统治阶级所不得不接受的。所以，公共权力强制性的本质是维护利益互

① 《唐太宗集·答房玄龄请解仆射诏》。

② 《唐太宗集·答房玄龄请解仆射诏》。

相冲突的阶级的整体共同利益的，即是为公的（这是把权力称为公共权力的原因。有的译本叫社会权力，意思与公共权力相似，但没有公共权力准确）。在人类社会实行私有制的无论哪个社会发展阶段，公共权力为公的本质没有变，只是权力在私有制社会发展阶段，不论人们在观念和理论上，认为权力是来源于上天的赐予和代表上天的最高统治者的任命，还是来源于公民选举的赋予，都容易与随私有制相应产生的人们的私有意识和偏私观念，即为私的思想也就是私心结合，而这正是因为私有财产出现并产生国家后治国者们治国所要“治”的主要任务之一。权力与私心结合在社会政治、经济、文化等各不相同的领域有各不相同的表现，比如在经济领域的表现就是贪贿腐败。治国，就是要使权力为公的本质不变。[①]

3. 纵观历朝和近代历史，治国，能治得权力与为公之心结合占优势，国家就必然日益兴盛，显现出朝气蓬勃的局面；反之，权力与为私之心结合占优势，国家就必然走向衰弱，变成腐败无能。掌握国家权力的人们，一旦其中有占压倒性的多数人变得腐败无能，就再也不可能根据民生、民意的实际情况治国了，也即不可能处理好生产力与生产关系、经济基础和上层建筑的矛盾以及国际间的民族矛盾了。

关于选贤要以“无私为本”这一理论观点，从另一角度看选贤者本人唐太宗，他在选贤时也是不抱个人成见和私心的。唐朝统治阶级内部原李建成、李元吉两个政敌集团中的贤能人才，原各路农民起义军中的贤能人才，他都以国家利益为重，大胆任用。像魏徵、屈突通、尉迟敬德、秦叔宝、程知节等人，都由曾是他的仇敌或敌方骨干转而

① 笔者此段评论中的引用语见《马克思恩格斯选集》第四卷，人民出版社 1972 年版，第 166-167 页。

成为他的心腹，心甘情愿为之效力，原因就是他自己在用人上的表现为不计个人恩怨的无私之心征服了他们。这一点，是唐太宗具有人们跟随他、为之倾倒和甘愿献身的人品魅力的关键原因所在。毫无疑问，唐太宗之所以如此选用贤能，当然是从维护他李姓皇朝地主统治阶级的利益出发的。

第三，要以民为本，重视民生和民意。

唐太宗治国总怕自己的言行“不合天意，未副人望”，因此，他对民生、民意重要性的认识很深刻，远远超过历代许多帝王。

他说：“夫民者国之先。”① 即人民是国家存在的先决条件。

又说：“国以人为本”，“食为人天，农为政本。”② 即人以食为天，政以农为本。（中国封建社会是农业经济社会，农业是国家政权赖以建立和维持的基础。因此，治国理政必须以农业为根本。否则，就不利于民生，违背了民意。他效仿汉文帝等许多帝王“天子籍田”，以示重本。）

关于人心、民意的巨大力量，唐太宗用形象的比喻说出了含有深刻哲理的话语：“舟所以比人君，水所以比黎庶，水能载舟，亦能覆舟。”③

二、唐太宗治国除了上述三个方面有深刻、全面的认识并采取多种措施身体力行、付诸实践外（具体事例很多，如有利民生的大批释放宫女、合并州县精简机构，仿汉文帝和隋文帝注重减轻农民的赋役负担，有十三次之多、义仓积谷等等）。

---

① 《唐太宗集·君体篇》。

② 《唐太宗集·务农篇》。

③ 《唐太宗集·自鉴篇》。

在法制上，他继位后的十一年颁布了一部比《武德律》更完善的《贞观律》。在官制上，基本沿袭隋制，加以完善，突出之点是超过历代地用少数民族中有才干的人为官。如朝廷有近一半武官是突厥族人。

在对待少数民族政策上，唐太宗表现出了他独到的高明。以前的汉族帝王对少数民族多有不同程度的民族偏见或搞民族歧视。对少数民族边患，往往采取用兵征杀的政策或者在国力不足时用和亲缓解矛盾。唐太宗则采取武威与恩德兼用并以恩德为主的办法。对少数民族，他实行“爱之如一”即与汉族一视同仁平等对待的政策以服其心，其中也包括出于友善动机与吐蕃即藏族首领松赞干布和亲。他说：“自古皆贵中华，贱夷狄（指少数民族），朕独爱之如一，其种落依朕如父母。”[①] 唐太宗实行民族平等政策，深得全国各少数民族人民的尊敬，被人们称为“天可汗”即“众国之王”。

在对待佛教态度上，当私自出塞到天竺国（古印度）学佛、讲佛的玄奘（名陈祎）回国时，唐太宗下诏欢迎他进京并接见他。还大力支持他翻译出了佛教梵文经典七十四部（带回西行所历一百多国的佛书共六百五十七部）。从此，我国与中亚、西亚、南亚许多国家的联系通过玄奘西去取经得到沟通，特别是加强了中印友好往来的外交关系。

三、最后，唐太宗李世民的个人品格、道德修养在我国所有帝王中也是很突出的。帝王是统率群臣治国的首领，帝王本人的品德对于治国的关系极大。他说：“君，源也；臣，流也。浊其源而求其流之清，不可得矣。”[②] 下面举三例说明唐太宗个人品格的伟大：

1. 他鼓励臣下对皇帝不合实际情况的旨意也要敢于坚持上奏不同

---

① 《资治通鉴》卷一九八。

② 《资治通鉴》卷一九二。

的意见。他说：“诏敕不便于时，即宜执奏，不得顺旨施行。”[①] 在中国整个封建社会，皇帝有如此高尚的治国品格，实属罕见（这是对梁武帝萧衍体现民主意识的认识的重大提升和发展）。

2. 他勇于解剖自己，进行自我批评。唐太宗执政前、中期优点多，失误少，偶有什么不检点的过错，常知错即改，公开承认“此乃朕之不是”。他病逝前一年在一次对皇太子李治的谈话中，还系统地列出了自己治国过程中的不少过错，说：“吾居政以来，不善多矣，锦绣珠玉不绝于前，宫室台榭屡有兴作，犬马鹰隼，无远不至，行游四方，供顿烦劳，此皆吾之深过，勿以为是而法之（不要以为他以上种种错误是正确的而仿效他）。”[②]

自西周成王姬诵最先提出“皇天无亲，唯德是辅”以来，不少有作为的帝王都注意自己的品德形象，李世民也不例外，但像他这样在晚年即将盖棺论定之前，还历数自己的过错进行自我反省的帝王实在不多。就治国过错进行真诚的自我深刻反省而言，他是我国古代社会继汉武帝之后的第二位帝王。

当然，唐太宗这次陈述自己过错的具体时空背景与前述汉武帝下罪己诏是不同的。唐太宗在此前十个月患了风疾（痛风或中风），这是他风疾初愈前后想到帝位不久将由他的儿子李治（太子）继承，于是撰写《帝范》十二篇，向太子传授作为国君应该怎样修身和治国的方法。公元648年正月初八，他把《帝范》赐给李治时，说了较长的一番话，主要是通过评估自己一生的功过是非对李治将来治国进行教导并提出殷切的希望。

---

① 《旧唐书·太宗本纪》。

② 《资治通鉴》卷一九八。

笔者认为，唐太宗这一番话，发自肺腑，语重心长，且富于哲理，含意深刻，对后世承位治国者都具有深远的教育意义。现把他这番古文言文原话（见《资治通鉴》卷一九八，岳麓书社 1990 年版第 598 页）意译如下：

你继位后，应以古代圣君明主为师。像我，不够资格让你效法。治国按高标准作为，能达到的不过是中等标准；按中等标准作为，就难免只能达到低标准。我登基以来，有很多事做得不好、不对。你要想到我拯救天下百姓，是个很大贡献；统一全国，是个很大功劳。对人民贡献大、损害小，才没有被人民怨恨；对国家功劳大，过失小，才使得大局安稳，事业不致衰败。但与古代圣君明主的尽善尽美相比，我内心实在深感惭愧。你没有我的贡献和功劳，却继承我的荣华富贵。作为继位之君，你竭尽全力做对百姓有益的事，也不过是实现国家安定太平，可只要你一旦骄奢怠惰，就会身家性命不保。成功立业艰难而败亡快速的，就是国家政权；失去容易而得到困难的，就是皇位。对获得政权和皇位，怎么可以不珍惜呢！怎么可以不珍惜呢！

3. 他不搞个人迷信。唐太宗文治武功盖世，四海呼其“万岁”“天可汗”。对他歌功颂德的文章、诗词遍于各个民族，“煌煌太宗业，树立甚宏达”（盛唐杜甫诗句），但他不同意别人搞个人崇拜，甚是难能可贵。朝廷弘文馆学士虞世南，学识渊博（曾在割据军中为官，李世民得到他时已年老体衰），太宗常与其谈古论今。鉴于太宗超过以前历代帝王的治国业绩，他在贞观六年写了一篇《圣德论》颂扬唐太宗，把他与历代明君（包括用“无为而治”思想治国的帝王，唐太宗也兼用老子的道家思想治国）相比。唐太宗答复他说：“朕未敢拟伦（相类比）……卿睹朕之始，未见朕之终……如违此道，不用后代笑卿焉。”[1] 意即我不敢与以前明君相比较。你只看到我以前的行为，还没看到我今后的行为，如果我以后违背了这种行事准则，后代不会因此笑话你吗？

当然，唐太宗也受时代局限，有君权神授、“皇天眷命”的天命观念，但他不依靠天命，主要靠“以史为鉴”，靠选贤任能，靠儒家治国理论和道家老子思想，靠广开言路纳谏集思，靠他个人的德才和权谋统治管理他的国家。

总之，在我国所有古代明君之中，唐太宗李世民的个人品德和道德修养方面的形象算是最崇高、最完整的一个，这使他统领下的朝廷和国家在国内国际也因此而享有很高声誉。

四、唐太宗在位治国期间，由于他带领长孙无忌、房玄龄、杜如晦、魏徵等良相和一批文武精英大臣齐心合力、励精图治，因而国家人才济济（王夫之说“唐多能臣”）、吏治清明（《贞观政要》卷第一中论政体第二载：“官吏贪浊，有枉法受财者，必无赦免。……官吏多自清谨。制驭王公、妃主之家，大姓豪滑之伍，皆畏威屏迹，无敢侵欺细人。”后句意即唐太宗注意控制驾驭王公妃主之家、大姓豪族奸猾之徒，使他们畏惧国法威力而隐蔽其劣迹，没有敢侵凌欺压平民百姓的）、国家安定（同上载：“商旅野次，无复盗贼，囹圄常空”，“外户不闭”。意即经商差旅者若在野外露宿，也不再有盗贼去抢劫；监狱没有罪犯被关，常因而空着，人们出外，住房向外的门也不必关闭，不用担心财物被盗）、经济发展，社会和谐（同上载：“马牛布野”，“频

① 《唐太宗集·答虞世南上圣德论手诏》。

致丰稔，斗米三四钱。行旅自京师至于岭表，自山东至于沧海，皆不赍粮，取之于路。入山东村落，行客经过者，必厚加供待，或发时有赠遗。”意即农家饲养的马牛成群遍布山野。农村接连不断获得丰收，粮价便宜；远行差旅，从首都长安到岭南，从太行山以东地区到东海之滨，都不必身带干粮，可在沿途取用。进入太行山以东一带地方的村庄，过往的行客一定得到优厚的供给和招待。有的在离开时，还受到馈赠）概言之，国家安定太平，富裕兴旺；人民安居乐业，衣食有余；国境内外环境和平，“四夷臣服”，整个社会空前繁荣昌盛，天下一派歌舞升平的盛世景象。史称“贞观之治”，历时二十三年。唐中期史学家吴兢在他所著《贞观政要》一书的序言中说：“太宗时政化，良足可观，振古而来，未之有也。”经过与唐朝以前和以后各个朝代比较，“贞观之治”的确是我国古代民生最能得到保障、民意最能得到表达、君臣关系最为协调融洽、政治教化最为突出可观、社会治安秩序最为井然良好、各民族最为和睦团结因而被后人最为称道的一个兴盛大治之世。（据《旧唐书》的作者们说，中华各族人民对这个治世的怀念和歌颂持续了三百多年）唐朝在贞观年间，成为当时与日本、朝鲜、印度等周边国家和西域、南亚、西亚、北非的许多国家保持经济、文化、宗教、外交联系并享有重要国际地位的国家，也是当时在经济、文化、军事、科技等方面居世界领先地位的头号富强国家（现国外有些城市一直还有“唐人街”存在）。

唐太宗晚年，看到自己的文治武功已取得巨大成功，对治国的努力明显松懈起来。主要表现是执政作风上独断专行、骄傲自负。如不悦谏言、大修宫苑、接连发动对外战争和经常举办大型狩猎活动而造成巨大人力财力浪费等。

对古今中外政界任何一个伟大人物，我们都不能要求和期盼他一生所为尽善尽美，对一个封建帝王就更不能有这样的要求。因此，历史对唐太宗李世民一直铭记他贞观年间出色的治国之功。“贞观之治”是我国古代帝王治国鉴史致治、民本致治和选贤任能致治的一座丰碑。它是封建地主统治阶级后世有作为的治国者们仿效的一个典范。唐太宗李世民则被后世人们称颂为封建时代罕见的英明君主、杰出帝王。用现在的话说，他是一位卓越的国家领导人。他五十岁时因服用所谓延年的金石药剂治病中毒崩驾仙逝。他死后，满朝文武官员，各少数民族首领，深感悲痛，很多臣民如父母死去一般，放声痛哭不已。

第五节　治国认识和举措很有特色的女皇

武则天敢于置儒家思想正统地位于不顾。

谁想当官就让谁如愿以偿，但经试用只有少数贤能者留任，多数试用不称职者立即被罢黜或以性命为当官付出代价。

一、唐高宗李治（太宗第九子）二十一岁继位，他在位三十四年，其中后二十四年与皇后武则天（公元624年—705年）共掌朝政，被臣民称为“二圣”。

高宗重视道家和道教，他曾下诏追尊其同姓祖老子李耳为“太上玄元皇帝”（太宗曾认定李耳为其族祖），使道家思想和道教的地位有很大提高。他继位初制订《永徽律》及其注解《律疏》，后人合称为《唐律疏议》，成为后世各朝代立法的参照范本。（永徽，是他继位第二年新立的第一个年号，历时五年）史载高宗胆小柔弱，处事优柔寡断，缺乏主见，继位后的表现是开头几年勤政务实，注重民生，大度纳谏，“有贞观之遗风”，但由于他毕竟属平庸少能之辈，加上经常养病后宫还贪恋声色，所以后期朝政多由则天皇后操纵，也因此史家评他“先贤后愚”。他死后，其第七子李显即唐中宗（武则天所生第三子）继位。由志强胆大、精明过人而生性残忍的武则天临朝称制。李显在位仅两个月，武则天废他为庐陵王，另立自己所生第四子李旦为帝，是为唐睿宗。她仍临朝称制。公元690年，她又废睿宗帝位，改国号唐为“周”，给自己新取名叫曌，自己做起皇帝来。像秦朝嬴政称自己为始皇帝一样，她接受文武百官上的尊号称自己为圣神皇帝（中国历史上只有这两个人一登基当皇帝就给皇帝称号前加上含有政治用意的定语）。

二、武则天称帝前，已有三十一年与高宗共理朝政和临朝称制的经历。她十四岁因貌美被选中，离开家乡并州文水县（今属山西省）入宫侍候太宗，六十六岁当上“周”朝皇帝，长期的后宫和朝廷生活（太宗死后按当时宫廷规定当了五年尼姑）使她在青少年阶段读书习文的同时，既目睹了太宗的一些治国作为，学到了治国的一些方法，也从自己成为高宗爱妃后在后宫争宠竞争和朝中各派政治势力争权的斗争中学到了和练就了一套封建统治集团内部常有的权谋诈变之术。

三、女皇武则天治国十五年除仿唐太宗重视人才、拔擢贤能、严惩贪贿、勇于纳谏、整顿吏治、巩固边防、妥善处理与少数民族关系外，还很有她自己的特色，举五例如下：

1. 儒家重男轻女的思想及其长期以来形成的轻视妇女的传统习惯势力，使她参政、执政遭到了许多无端的攻击，因而她对孔孟之道很反感，虽从未公开抨击儒家思想，但她大胆地置儒家思想正统地位于不顾，用道家“无为而治”的思想治国。她倡导“王公以降（以下）皆习《老子》”①。

女皇武则天

2. 不拘一格选用人才做官，其选人才的办法严酷、特别。她选人才，除传统的科考和举荐外，还对“内外文武九品以上及百姓咸令自举”，即准许九品以上官吏和百姓自己推举自己。科考、举荐、自荐三个渠道来的人，不管是不是人才，一律批准给官做，但一经发现当了官的人不称职，立即把他罢黜，甚至把他诛杀。这样，真正德才兼备的人才就留了下来，继续当官为国效力；不具备德才条件的人必然办不好政务或玩忽职守或贪赃枉法，有些人就一定要以性命为当官付出代价。此办法致使一般士人害怕做官，怕“为官三日成新鬼”。而不怕做官的人就多是清正廉洁又有才干的官员。如：狄仁杰、姚崇、宋璟、张柬之等人便是。实施贯彻这一举措的前提，是作为国君的武则天以国家利益为重、不徇私情和公正的执行用人法规（其执法过于严厉不足取）。

3. 首创武举制，为军队选拔武艺高强的人才。

① 《旧唐书·则天皇后纪》。

4. 首创科举殿试，皇帝亲自主持科考，当面选拔能委以国事重任的人才。

5. 为了维护、巩固她作为历史上从未有过的女皇的皇权和皇威，她任用酷吏，用灭绝人性的残忍酷刑镇压她的政敌，其中冤杀了不少无辜人士。她把这种维持统治的让人皮肉痛苦致死的做法美其名曰“以刑法理天下”。

6. 高宗在世时，她“以修撰为名”建议高宗设置“北门学士”机构。“北门学士”是指走宫廷北门而进皇宫的学士，即高级知识分子。这批人到她称帝后，被调至身边办公，供她随时咨询，给她出谋划策。“北门学士”实际上是她治国理政的智囊团。武则天发挥“北门学士”的作用，目的是削弱丞相的权力。

武则天重视民生，把发展农业生产当成建设武周皇朝的根本大事来抓。她说：“建国之本，必在务农。”[①] 其得力的举措，举三点为例：1、继续坚持实行唐初对农民轻徭薄赋、与民休息的政策；2、规定对地方官吏的考核以发展农业生产的政绩作为标准；3、组织著名农学家编写农书《兆人本业记》颁行全国，以推广先进的农业生产经验和生产技术。她在位期间，国家粮仓皆满，农民家有余粮，全国人口比贞观年间约一千八九百万增加到三千七百一十四万，国势继唐太宗之后继续上升，吏治也继续保持清明，社会大局较为安定太平（也曾出现过唐朝将领叛乱，很快被平息）。这是女皇武则天治国所取得的明显效果，是她最值得后人称道的治国之功。后世封建儒家士人往往掩其功而偏重贬毁她，是不公道的。

① 《臣轨·利人章》。

四、一生长于心计、诈变无穷、“巧慧，多权术”（史评）的武曌，凭她的出众美色、绝顶聪明和极强的权力欲望，主要靠个人奋斗，成为中国历史上唯一的多民族大一统皇朝的女性皇帝。她崇佛重道，享寿八十一岁。晚年豪奢，大修宫殿、佛寺，“所费以亿万计”，“府库为之耗竭”；宠信小人，重用幸臣（指其女太平公主给她推荐进宫的新一代年少男宠张昌宗，不久其兄张易之也成为武则天的男宠幸臣），加上她即位后提拔掌权的武氏亲族不得人心，朝政日乱，终于导致一场宫廷政变，即后人所称的李唐“五王政变”（朝廷丞相、重臣等五个主要成员发动政变成功后皆封王爵），结束了武周皇朝的统治。这时，武则天也走到了她生命的尽头，死去的当年，宣布传位于其子、皇太子李显（即唐中宗复位），恢复了唐朝天下。十一个月后，她临死前，留下“去帝号”的遗诏后，撒手人寰（死后谥号称则天大圣皇后，与唐高宗合葬。此墓成为我国历史上唯一的一座皇帝与称帝皇后也即两朝皇帝合葬的陵墓）。她创建的“周”皇朝历时十五年。（中宗复位五年后，睿宗复位。两年后，睿宗让位太子李隆基，即唐玄宗。）

中国封建社会发生的有些事情，真是巧趣而耐思：主用道家思想治国的大一统“周”皇朝穿插于唐朝之中，只历一个皇帝就被朝臣所迫取消了国号。这个皇帝是中国唯一的一个汉族女性皇帝。重用儒家思想治国的大一统“新”皇朝出现于两汉之间，也只历一个皇帝就被农民起义推翻。这个皇帝是中国封建社会独有的一个用复古政策和书斋空想治国的皇帝。它们同只用法家思想治国的大一统秦皇朝一样，都只短暂地存在了十五年。这也许就是武“周”之后唐、宋、元、明、清等几个大一统皇朝都以儒家思想中有利维护政权的积极思想为主、兼用有利民生的道家思想和有利维持社会秩序的法家思想治国而避免了急速败亡命运的一个重要原因。

第六节　由明君变成昏君的唐玄宗

唐玄宗和唐太宗治国的相同点和不同点。

“古者不封，未为非达”——第一个下诏提倡人死后不搞土葬的皇帝。

中国历史上第一支在皇朝京城建立政权很快又失去政权的农民起义军。

一、唐玄宗（也称唐明皇）李隆基（公元685年—762年，太宗曾孙，武则天孙）是唐朝李姓第六个皇帝（当年满二十七岁）。他在位治国四十四年，前期二十多年以朝廷史官吴兢所著《贞观政要》作为治国范本，励精图治，重视民生和民意，重用人才，勤政纳谏，效法太宗很有作为（治国言论及其举措，略），使唐朝国势继“贞观之治”之后达到极盛（经济上的富饶程度已与隋开皇、大业时相近似），当时的唐人形容为“四方丰稔，百姓殷富”“丁壮之人，不识兵器”“路不拾遗，行者不囊粮”“人情欣欣然”，出现了史称“开元之治”的鼎盛治世局面（开元，是玄宗在位期间所用三个年号中的第二个，从公元713年到公元741年止，历时二十八年）。

二、玄宗治国和太宗治国有许多相同的地方，治国认识也基本相同或一致，少有新的突破。两人有所不同的地方主要是以下三点：

1. 唐太宗治国崇儒尊道，对两家学派的思想没有明显的轻重之分；玄宗则崇儒重道，即他侧重用道家“无为而治”“清静无为”的思想治国，并继其祖父高宗之后进一步追尊老子为“大圣祖玄元皇帝”。

2. 唐太宗在军事上沿袭前朝的兵农结合的府兵制（平时务农，战时入伍)，辅以募兵制；玄宗则改府兵制为募兵制，即从民间招募士兵，使兵农分离，当兵从此成为一种专门职业。而且他让领军守边的节度使兼领地方州县行政事务从而使其变升为掌管地方军政大权的行政长官。

3. 唐太宗晚年自我反省的那些“不善”“深过”，性质不严重，且是历代帝王通常易犯的一些过失。而玄宗执政后期一二十年好大喜功、贪图安逸、骄傲自满、纵情享乐，到晚年“倦于万机”已变成一个终日不离美色的昏君，一心追求奢靡淫乐（后宫女子达四万多人)，不理朝政（“春宵苦短日高起，从此君王不早朝”，这是白居易描写已年届六十的唐玄宗自公开夺得青春貌美、“姿色冠代”“姿质丰艳，善歌舞”的儿媳杨玉环——比唐玄宗小三十四岁——之后从此与之相爱厮守情景的诗句)，竟把朝政大权先后托付两个奸相李林甫（以阴险虚伪、口蜜腹剑、善吹溜拍马著称）和杨国忠（玉环堂兄，擅权专断，善于钻营，被玄宗一再提拔，身兼四十余职）相继把持，全国吏治很快变得极为腐败。

4. 在对待佛教态度上，他不反对佛教在国内传播，但当日本邀请淮南地区佛教“宗首”、扬州大明寺（今法净寺）著名高僧鉴真（姓淳于）到日本去传法时，他却拒绝了这一邀请。由于日本邀请“辞旨恳至”，鉴真冒险个人出钱组织了五次东渡，但因各种原因均遭失败。他不灰心，终于在公元 753 年带部分僧徒随日本遣唐使团第六次东渡到达了日本。他在日本授戒传律，弘扬佛法，成就非凡，得到日本佛界和天皇的高度尊敬，被誉为日本“传戒律之始祖”。鉴真于公元 763 年 75 岁时在日本圆寂、火化、安葬（唐玄宗在他先一年病逝）。鉴真在日十年，在传佛、建筑、雕塑艺术和医药学等方面为中日文化交流做出了巨大贡献。

上述与唐太宗不同的第二、三两点，对国家造成了严重的危害。这就是各地节度使（睿宗在位时，始设节度使）在玄宗执政后期开始拥兵自重，摆脱朝廷控制，形成地方割据势力。当时全国总兵力五十七万人，其中节度使掌握的边境兵数占到四十九万人之多。他们“虽称藩臣，实非王臣”，而似一地之君主。公元755年，先后兼任平卢、范阳、河东三镇节度使拥有兵力十八万三千九百人的安禄山和其部将史思明在范阳起兵以奉密诏讨伐杨国忠为借口公开叛乱，第二年叛军攻入洛阳，安禄山在洛阳即位自称大燕皇帝。唐朝中期国内出现的这场大型军事叛乱史称“安史之乱”（现代历史学家范文澜说募兵和节度使造成了唐朝中期的祸乱）。时年已经七十岁的玄宗只得率皇室亲随、宫廷近侍和部分禁卫军将士仓皇逃离临危难保的京城长安（今陕西西安市），途中在一个叫马嵬驿（今陕西省兴平市马嵬镇）的地方，随行将士们发动兵变，杀死奸相杨国忠，并迫使玄宗忍痛割爱令身边两个小宦官用罗巾将本无政治野心、从未恃宠弄权的贵妃杨玉环缢死。随后，他命随他一同出逃的皇太子李亨平乱，李亨在灵武（今属宁夏）受部分大臣拥立，宣布登基称帝，是为唐肃宗。此时已逃亡蜀郡的七十一岁的玄宗被尊为“上皇天帝”。一个月后，玄宗得知李亨称帝，下诏此后自称太上皇并把传国玉玺交送李亨。回京城后，玄宗李隆基渐遭肃宗冷遇，被软禁深宫。六年后，他在寂寞、悲愤中病死。尽管在他死后朝廷到唐代宗（肃宗长子）继位后才最终平息了历时八年的“安史之乱”，但唐朝从这场叛乱起由兴盛走向衰落。

三、玄宗治国除前期具有和太宗一样的认识外，还有两个带有突破性的亮点：一是在移风易俗方面，他继任后第二年为倡导人死后实行薄葬专门下诏出具体规定（太宗曾下诏反对厚葬），而且还最先倡导全国不要浪费土地搞土葬。他说："古者不封，未为非达。"[①] 意即古时不聚土为坟，未见得是一种不通达的表现。二是由于他从小就有音乐天赋，长大后"尤知音律"，"雅好度曲"，会谱曲，能弹奏多种乐器，加上晚年有舞乐知音杨玉环为伴相助，使他创建了我国第一所国立的音乐、舞蹈、戏曲学院——梨园。这虽主要是为了他和杨贵妃等朝廷宫室人员享乐，但也是反映盛世民意追求文化艺术生活享受之举。历代戏曲艺人尊他为"梨园祖神"和"戏曲圣人"。

唐玄宗

四、唐玄宗治国由一个典型的中兴明君变为一个典型的庸碌昏君，是个值得思考总结的帝王。

他前期的治国作为，符合唐太宗关于治国最看重的三条，所以唐朝继"贞观之治"之后，经女皇武则天的发展治理，又出现"开元之治"的盛世（相隔"贞观之治"六十多年）；他后期治国，与前期恰恰相反，不理朝政，不用人才，不重视民生和民意，

① 《旧唐书·玄宗本纪》。

所以唐朝急转弯，出现“安史之乱”。“安史之乱”是中国历史上唯一的一场由拥兵自重的政治野心家制造并建立了地方割据政权给全国人民带来长时间重大灾难的叛乱。此乱八年，全国人口由五千三百万锐减到只剩一千七百万，因各种原因死亡（主要是被杀死和饿死）的人口达三千六百万，死亡率高达68%，这是唐玄宗治国对人民造成的不可饶恕的罪过。这说明在“朕即国家”的封建社会，执掌国家最高权力的皇帝对国家的兴衰存亡和人民的生死苦乐起着至关重要的作用。

五、玄宗病死前后，他的儿、孙即肃宗、代宗两代皇帝虽然在军事上任用郭子仪平定“安史之乱”有功，但在治国的其他方面都昏弱少能，特别是代宗对安史叛军的降将采取息事宁人的态度，任命他们为地方节度使，造成了史称“藩镇割据”的局面，这样就致使唐朝在衰落路上越陷越深。国家财政匮乏，民不聊生（“幼者形不蔽，老者体无温”——白居易诗）。代宗子唐德宗继位后，初期图谋中兴，力挽颓势，令禁岁贡、严惩贪贿、减裁宫女，有所作为。尤其是他鉴于“安史之乱”以后农村土地兼并越来越严重，唐朝历来实行租庸调制的前提均田制遭到破坏，为减轻少地和失去均田的农民的负担，他采纳丞相杨炎的建议，改革赋税制度，实行“两税法”。但由于德宗为人虚伪，对人猜忌，用人良莠不分，根本没有振兴朝政的能力，所以他在位中后期各地藩镇势力又开始拥兵自重，并此起彼伏地反叛朝廷，德宗图谋中兴的改革仅昙花一现就被兵连祸结的局面所代替。德宗子顺宗任用王叔文、柳宗元、刘禹锡等进行一场“永贞革新”，革除了许多弊政，办了许多有利民生、合符民意的好事（如释放宫廷皇家剧团歌女六百人和宫女三百人；全部豁免人民历年积欠的皇粮国税等），但因守旧势力太大，这场革新不到半年就失败了。顺宗子宪宗继位后，重用人才，禁止各级官吏向他进献奇珍异宝，明确表示："朕所宝唯贤。"[①]提拔一批治国安邦人才入朝理政，斩杀了几个违抗朝廷的藩镇首领，使地方藩镇势力大为削弱，不再成为中央集权的威胁，因而唐朝又出现了一番有所振作的新气象，史称"元和中兴"。

从唐宪宗子、只重享乐的穆宗继位起，唐朝各种社会矛盾自"安史之乱"以后，在时有短暂缓和的曲折中终究还是日趋尖锐。早在德宗时，宦官开始主管军政大权，继而宦官为争权分成党派，朝廷出现朋党之争，以至宪宗以后，从穆宗开始连续有文宗、武宗、宣宗、懿宗、僖宗、昭宗等七任皇帝都是由宦官朋党拥立的。这七个皇帝中，只有两个人的治国作为较为突出。一个是二十六岁继位的唐武宗，提拔有胆有识的老臣（时年五十三岁，比武宗大二十七岁）李德裕当丞相，君臣默契配合，反击外族侵扰，平定国内军乱，削夺藩镇权力和宦官势力，很有作为。其治国的一个亮点是：公元845年（即会昌五年），他下令拆毁了全国佛教寺庙中的四千六百余所，使二十六万多僧尼还俗为民成为纳税人。废除修行道场四万余所，解放寺院奴婢十五万人，没收寺院农田数千万顷。此举沉重地打击了佛教和佛教寺院经济，大大增加了国家财政收入。武宗此举，史称"会昌灭佛"。另一个人是三十六岁继位的宣宗李忱，他在位十三年，仿唐太宗治国，"使权豪敛迹，奸臣畏法，宦官收敛，刑政不滥，贤能致用，十余年间，颂声载路"（《旧唐书》），唐朝又一度出现太平治世。

六、宣宗死后，其子孙懿宗、僖宗、昭宗相继继位治国，唐朝统治集团的腐败奢靡复起，且达到极点，民生状况极差，"贫者无立锥之

---

① 《旧唐书·宪宗本纪》。

地”，广大人民群众处于“天下百姓，哀号于道路……夫妻不相活，父子不相救”的水深火热之中，终于爆发了以王仙芝、黄巢为首的全国性农民大起义。唐末这场农民起义，遍及当时全国大部分州县，在我国公元1840年以前的封建社会历史上其规模最为宏伟、其斗争最为壮烈。特别是王仙芝死后继任起义军统帅的“冲天大将军”黄巢，是我国封建社会最有文化素养的一位出身贩夫走卒的农民起义军领导人。他胸怀改变黑暗现实社会的强烈愿望，在他心目中，创造社会财富的人民大众是美丽的秋菊，而菊花却要遭受秋风秋霜的袭击以至蕊寒香冷蝴蝶都不前来绕飞，他认为上天这种安排极不公平，写下了“他年我若为青帝，报与桃花一处开”[①]这样寓意深刻、极富想象力的浪漫诗句。纪律严明的农民起义军在他率领下，以号称百万的义军名义突破唐军长江防线，继续北进渡过淮水，于公元880年攻占唐朝京城长安，并建立了“大齐”新政权。但由于黄巢忽视了建立巩固的根据地和起义军大将、政治变色龙朱温叛变降唐，转而助已西逃的唐廷凶残地镇压农民起义这两个关键性原因，致使中国历史上第一个在封建皇朝京城建立的存活了四年的农民政权尚未站稳脚跟就被扼杀。

七、唐朝共历二十一个皇帝，历时二百八十九年（其中包括只历一个女皇的武周朝十五年），它是我国古代社会多民族全国大一统政权传位皇帝最多、国祚最长的一个皇朝。

---

① 李名芳等：《历代帝王诗词选》，南京大学出版社1991年版。

第七章　宋代重文轻武

五代十国、北宋、南宋、辽、金、西夏——公元 907 年至公元 1279 年，计 372 年

第一节　第一个认识到“必须精选县令”的皇帝周世宗

一、唐朝最终没被农民起义推翻，但它已变得形同虚设、几近瓦解了。皇帝成为权臣的傀儡，朝廷名义上存在，实则已被权臣架空，以至黄巢死后被唐廷重用、成了关东地区兼领三镇的节度使朱温（又名朱全忠）于公元 907 年以禅让方式轻而易举地把它灭掉。朱温在中原地区自立为帝，国号梁。此后，原唐朝各地节度使或归顺朱温，或抗衡朱温。抗衡者多走上举旗独立之路，凭仗自己掌领的藩镇兵力和管辖的地盘，效法朱温，也宣布立国称帝。于是，我国又出现了政权林立、版图四分五裂的政治局面。中原地区有梁、唐、晋、汉、周五个朝代（史家给这五个朝名前各加一个“后”字，以示与以前同名朝代相区别）相继更替。中原地区以外的地方先后有十个皇朝（实际不

止十个）基本并立。史书统称“五代十国”。这十五个地方独立政权，要么是唐末节度使所建，要么是唐末节度使所建新政权中任过节度使的人所建。因此“五代十国”基本上都是军阀政权。十五个皇朝共历时半个多世纪，出现过五十五个帝王。他们在治国方面，都基本沿袭唐朝制度。只是中原地区因更替叛乱不止，民生极为艰难，为求生存，大量人口迁逃南方。南方并立的各国，实力差别不大，多求相安自保。加上南方各国都疆域不大、物产有限，要靠商税补充财政收入因而很重视各国间的商业贸易和海外贸易，社会经济文化比北面的中原有较大的发展。五十五个帝王在治国认识及其作为方面，有后唐明宗李亶、后周太祖郭威、南唐高皇帝李昪、吴越国创建者武肃王钱镠等四五个史评较好，但除五代中的后周皇帝周世宗柴荣最为突出外，基本上都不值一述。

二、周世宗是后周第二任皇帝。他德才智勇兼备，三十三岁继位后，仿隋文帝以德治国，仿唐太宗重人才、求贤纳谏、重民生民意，仿武则天女皇从严治官，很有作为（事例略）。

周世宗治国有两个亮点：一是他继唐太宗、唐玄宗相继认识到要重视选拔地方基层县官之后，进一步深化这一认识到了“必须”的程度。他说：“必须精选县令。”[①] 下令朝廷文职权臣每人向他举荐一个县令，试用后称职就给予推荐官奖励，若贪污犯法，荐举官与县令一同治罪。治罪很严，往往是处以死刑。此举一扫基层官场腐败之风，收到了落实政令、稳定朝政和安抚民心的效果。二是下令取消曲阜孔家历朝都免纳租税的特权。

① 冯俊科：《帝王治国策》，中国青年出版社 2014 年版。

此外，他还有一些治国举措，虽不具有开创或亮点性质，但成效卓著，意义重大。比如，鉴于当时北方寺庙僧尼日众，吞噬社会大量资财造成国家税收减少的情况，他坚决打击佛教，下令将凡未得到朝廷批准保留的寺院一律拆毁。拆毁了寺院三万零三百六十所，占全国佛庙百分之九十以上，遣散、还俗了二十多万佛教僧侣。他是我国古代社会最后一位给佛教以沉重打击的帝王。

周世宗十分体恤民苦，曾说："如果我的生命可以利民，我也舍得。"[①] 他高度重视民生，大兴水利，发展农桑事业（他特立木雕农夫、桑妇于每日坐朝的大殿之上，以提醒自己和群臣不忘农业）。司马光在《资治通鉴》中评论他说，周世宗是"不爱其身而爱民"的仁爱明理之人。《旧五代史·周世宗纪》则称赞他"神武雄略，乃一代之英主"。

三、周世宗出身农村贫苦家庭，从小寄养在姑父即后周开国皇帝郭威家中。郭威无子，死前遗诏柴荣继位。历代史家评价周世宗柴荣的治国才干和个人品德时，大都有褒无贬，很少争议，这在我国历代众多帝王中是非常罕见的。

周世宗执政仅五年半，三十八岁时就病逝了，可他治国政绩显著，为他的高级武将赵匡胤在他死后半年建立宋朝然后取得统一战争的胜利打下了坚实基础。

---

① 肖黎主编：《中国历代名君》，河南人民出版社 1987 年版。

第二节　深懂帝王治国必须牢固掌握军权的宋太祖

深懂帝王治国必须牢固掌握军权的皇帝。

严禁官吏经商的皇帝。

宋太祖比隋文帝更全面实行官不久任的官员管理制度。

手握生杀予夺大权，但尽量少杀人和不杀人的皇帝。

赵匡胤（公元927年—976年）于公元960年以禅让方式取代后周七岁的柴宗训（周世宗子）的帝位建立宋朝，死后庙号宋太祖。他在位十六年，主要精力侧重于军事以实现统一，同时也用心治国安邦。他坐稳帝位并做了三年的各种准备之后，采取“先南后北”方略，用十三四年的军事征战，基本结束了“五代十国”的分裂局面，使除北汉皇朝和辽国所占北方燕云十六州以外的大部分中原地区及南方重归统一（北部早有辽国存在，详见第172页）。

一、赵匡胤灭掉“主少国疑”的后周是以军队做后盾、通过一场带有戏剧性的军事政变实现的。公元960年正月初一，后周朝廷得到紧急军情奏报，说辽国和北汉联军南侵（以后的事实证明此属虚假军事情报），后周朝廷便命禁卫军殿前司统帅即殿前都点检、归德军节度使赵匡胤出征。初二，赵匡胤令先遣部队出发，初三，他亲率主力部队进发到离京城汴京（今开封市）很近（约四十里路程）的一个叫陈桥驿（河南省封丘县内）的地方突然停止前进，驻扎下来。第二天清晨，他被部下黄袍加身（皇帝才能穿的黄色龙袍，是早已准备好的），高呼为“万岁”。面对此情此景，他一副无可奈何的样子，只好半推半就接受拥立。赵匡胤在强调不准杀害后周皇室人员和朝臣、不准掳掠朝廷府库和百姓家产等纪律后率部队当天返程进京。面对这一突如其来的改朝换代的场面，后周只有个别将领准备阻抗（当即被支持赵匡胤的另一个将领所杀），其余所有京官都因没有事前的思想准备而一时不知所措，迫于赵匡胤的军威和其令人迅雷不及掩耳的夺取帝位之势，都只怀有对赵匡胤此举用儒家正统思想不好解释的矛盾心理和各自不同的复杂心态，不得不接受既成事实，一个个都跪呼“万岁”。当天黄昏时，赵匡胤接受周恭帝柴宗训的禅位制书，换上皇帝的衣冠，登上帝位。

正月初五，他大赦天下，改元，定国号为“宋”（他曾任过宋州节度使）。陈桥驿发生的从初一到初五这一历时仅五天的重大军事叛变，史称“陈桥兵变”。（九年前的正月初五，被将士们黄旗披身的郭威代后汉，改元，建周，史称“后周”。“后周”，是五代中的最后一个朝代，国祚不多一天不少一天整整九年，其兴建和灭亡是同一军事拥立取代方式。）

赵匡胤反叛后周实现改朝换代的整个过程，进行得井然有序，没有拼斗喊杀声，只有称他为“万岁”的呼喊声，朝廷没有对抗反应，京城稳定如常，只有两个原名位高于赵匡胤的地方节度使先后起兵反宋，都被宋军在两个月内平定。此后，其他心念后周的文臣武将对赵匡胤只得采取俯首听命的态度。赵匡胤非常顺利地成功了。对此，当时的儒家士人多不加颂扬或谴责的评说，也不作这样或那样的解释。后周皇朝的明君周世宗对赵匡胤十分信任，周世宗死后仅半年，他却反叛夺取世宗子恭帝皇位，公然违背儒家正统思想的君臣伦理，实应谴责不该颂扬；赵匡胤谋划导演兵变，结果是很快取得成功，成了一个新皇朝的开国皇帝，对他又只能颂扬不敢谴责。儒家士人面临两难，当然不作评说。至于解释，还是赵匡胤聪明，借自己即位初穿便装出宫私访没遇到伤害危险一事而用一句符合儒家正统思想的话解除了当时朝臣们的矛盾心理，也堵住了儒家士人的贬斥和谴责。这句话就是："帝王之兴，自有天命。求之亦不可得，拒之亦不能止。"①

其实，任何历史事件都与民生、民意相关。兵变，也是民生和民意要求的一种反映，或者说兵变不过是民变的一种表现形式而已。在军事实力对国家命运明显起决定作用的"五代十国"时期先后发生的李嗣源、李从珂、郭威、赵匡胤等人靠将士拥立为帝的军事叛变也都不例外，说明当时民意要求有一明主出现，长期治理国家。

赵匡胤灭后周建宋，"天下初定，人心不安"。他对后周旧臣采取留用笼络方针，使京城保持了稳定，也使新政权得以稳固立足，从而保证了朝政的正常运作。

二、赵匡胤从自己由一介武夫变成一国之君的亲身经历和总结历史尤其是"五代"时军事将领走马灯"以暴易暴"夺取国家政权的教训中，认识到帝王治国必须牢牢掌握军权的重要性。帝王掌握军权，是其治国的一个前提性保证条件。赵匡胤对这一点的认识深度，超过历史上许

陈桥驿

① 《宋史·太祖本纪》。

多帝王。因此，他即位一年半后，怀着对军事将领疑忌的心理，就为巩固皇权、防止别人日后重演“黄袍加身”而成功地演出了历史上有名的“杯酒释兵权”的一幕，迫使其最不放心的高级军事将领们在极短的时间（仅十几天）里都找借口主动放弃了军权，按赵匡胤对他们所说的诱导性“酒话”放弃人生高尚追求，去过安享尊荣的逍遥自在的生活，从而使宋朝像东汉一样也没有出现杀害开国功臣的现象。赵匡胤解除其高级将领兵权之举，加上他以后采取的治军措施（如禁军各级将领的任免权绝对归皇帝掌握、不许军人操持政务等），使宋朝从此“百年无内乱”和“二百年军中不变乱”。不过，深懂武力重要的宋太祖此举也成为宋朝后世国防力量削弱、缺少强悍军事将领的重要原因之一，同时也导致从宋太宗继位起，宋廷为防兵变和内乱，以后就一直以才庸无谋、忠实易制为用人原则，这为宋朝后代儿孙皇帝埋设、排挤、冤杀刚烈勇猛型的政治军事人才和对外敌往往采取屈辱求和、只顾苟且偷安留下了思想隐患。

三、赵匡胤即帝位后，立即对中原地区以外原保境自立的一些不愿臣服的地方割据政权用兵，取得了胜利。他得到大半天下后很快就认识到天下可由马上得之却不能由马上守之的道理，即认识到只靠军事武力是不能守住江山的，更不能只依靠天命来治国。所以，他在基本结束统一全国的战争后，一改从前瞧不起文人儒生、只崇尚武力的军人作风，对儒家人士在治国中的作用甚为重视。他说：“作相（丞相）须读书人。”[①] 他在位期间，从丞相到州县长官，基本上都用文人学士代替了原先的武官。为了使各级文人学士安心为国效劳，他还立

① 《宋史·太祖本纪》。

下了“不杀大臣及言事官”的密约朝规，并要求其继位子孙遵照执行。所以后世有学者称赵匡胤建立的宋朝是“士大夫的乐园”。此朝规的积极作用是在很大程度上扭转了从唐朝末年起近百年来的重武轻文之风。同时也有利士大夫阶层，在议政、行政方面的言论自由。治国不比建国，既要重武，更要重文，这有利国祚延长。但宋朝自始至终的历史证明，其执政治国者在“既要重武”这点上远远做得不够。

四、宋太祖治国有点类似汉高祖刘邦，刘邦倚重至交萧何做丞相，赵匡胤在位前、中期很依重亲信丞相赵普（后人称之为一代名相）。宋太祖治国思想的特点是以防范内乱保稳定为主，即侧重维护皇权、巩固新生政权的统治。形成这一治国特点的原因，是他目睹和经历了北方的五个皇朝（史称“五代”）都只短暂地存在三至十六年就在改朝换代中灭亡因而人民也倍受苦难的事实。

宋太祖防范内乱保稳定为主的治国举措，除仿效历史上汉武帝等帝王削弱相权外，还想出了一些新招加以实施：

1. 官衔与职权分离。从中央到地方的各级行政官吏，一定要有皇帝或上级的“差遣令”才具有经办或处理某项政务的实际权力。没有被“差遣”，官职再大，也没有相应的处事权力。

2. 官不久任。州县和中央一些部门的官吏，一律任期三年，不许连任，任期一满，立即另调他地或任他职。（南北朝宋文帝刘义隆只对郡县长官的任期以六年为限，隋文帝只对州县长官三年一迁，都不包括中央部门官吏。）

3. 灾年招饥兵。到灾荒地区把青壮饥民招入部队，以减少这些地区因灾荒可能出现的动乱因素。他说，这可以做到“凶年饥岁，有叛民无叛兵”。[1]

4. 他认为官吏经商，既分散精力，影响勤政，又易导致官商垄断市场，争夺民利。因此他仿效汉武帝严禁各级官吏经商，违者严惩。

5. 他即位执政初期，常穿便装出宫，在京城了解社会民生状况和民意要求，此招使在京高官时刻注意自己的言行，不敢有所散乱，更不敢图谋不轨。

6. 创立经主考官主持科举考试后再由皇帝复试补取的殿试制度，以防合格人才漏取（武则天女皇创立的殿试制度是皇帝代替主考官亲自主持科举考试）。此举使许多出身平民家庭的读书人走上了为官从政的仕途。据史学家统计，宋朝选任的官员中，有三分之一或更多来自民间普通家庭。这个比例是前所未有的。

关于这一条，笔者评议如下：

在封建地主阶级执掌国家政权的条件下，宋朝官员成分的这种构成，客观上有利短于武功长于文治的宋朝政府在一定程度上了解民情民意，关注民事民生。与宋之前和之后的封建皇朝比较，宋朝所历十八个皇帝的专制程度也相对轻一些，虽有个别昏庸之君，但凶狠残暴、随便杀人的皇帝几乎没有。这应该是军事国防力量较弱的“两宋”社会小农经济、工商事业、科技发明、文学诗词、书法艺术、哲学、史学、数学、天文学等快速发展和京城的建筑规模、人口数量、各业繁荣都能继隋唐之后仍然领先世界的原因之一。

7. 在军事力量的部署布防上实行“强干弱枝”策略。即把重兵、精兵“皆收补禁军，聚之京师，以备宿卫”（司马光语），而镇守地方

---

① 《宋史·兵志》。

的兵力太弱，目的是使地方军事将领自觉“非京师之敌，莫敢起有异心”。

8. 在对军队的管理上，实行更戍法。更戍，就是不定时的频繁更换守戍部队将领。其用心是使兵不知将，将不专其兵，以防军事将领拥兵谋反。

9. 在大办官学的同时，大力提倡民间兴办私学。官学专门培养国家所需的统治人才，私学重点培养学术人才。当时全国最著名的私学有嵩阳（河南登封市）、白鹿洞（江西庐山）、应天府（河南商丘）、岳麓（湖南长沙）四大书院。

宋太祖有利民生的治国新举措，一是下令召集流民，奖励垦荒，对“开荒田者，并令只纳旧租，永不通检[①]”。二是下令植树造林，严禁砍伐桑、枣、榆等经济价值树木。三是制定《商税则例》，用法律禁止例外征税。

除这三点有利民生的新举措外，其他有利民生的举措，主要是整顿五代以来混乱的赋税制度，实行轻徭薄赋、让人民休养生息的政策，同时在农村兴修水利，在城市发展工商业等，宋太祖以上这些顺应民意的治国作为，使宋朝初期的社会经济有较快的发展。

宋太祖治国，像唐太宗常听丞相魏徵谏言一样，也常听其丞相赵普的谏言，也重视吏治，对贪官污吏实行严惩，“匡胤深恶脏吏”，还有一点也像唐太宗一样，很重视人才。司马光评论建宋前带兵的赵匡胤时，说他“知人善任使，擢用英俊，不问资级”。

宋太祖治国最明显的错误，就是偏重维护官僚地主集团的利益，

---

① 《宋大诏令集》卷一八二。

“不立田制”，也“不抑兼并”，其以后的继位者们基本上都贯彻他的这一思想。至此，中国大地上经历了近五个世纪的均田制从历史上消失了，土地商品化程度提高，可以自由买卖（包括原均田制下的永业田），大地主庄园制和土地租佃制大大发展起来，这使宋皇朝的土地兼并问题一开始就很严重。以至其弟宋太宗执政时，就已经出现“富者有弥望之田，贫者无立锥之地”的景象。因此，他死后仅十七年即建国初期（建国才三十三年），国内就发生王小波、李顺领导的农民起义，晚期有方腊、宋江等聚众造反。南宋政权一建立，又出现钟相、杨幺领导的湖湘农民起义。

五、宋太祖赵匡胤出生在北周首都洛阳一个家境不算富裕的中级军官家庭。由于他从小喜好骑马射箭、舞刀弄枪，没读几年书，但有一身好武艺。二十岁时，就告别父母妻子只身冒险出门游历，闯荡江湖。一年多后，投奔被部下黄旗（代替皇帝穿的黄色龙袍）加身称帝而建立后周的郭威。他因拥立郭威有功，被重用。郭威死后，他又因屡立战功很受新主周世宗柴荣的赏识，从而逐步掌握了后周皇朝的军政大权。他凭自己在军中的威望，运用人际手腕，把军中一些重要将领拉拢到身边，以古老的盟誓结义方式结为义社十兄弟，他成为“义社兄弟”组织的首领，在后周朝廷形成了以他为中心的一股强大军政势力。

宋太祖的个人阅历培养了他作为当时一名出色政治家必备的一些个性特点，如机谋善断、敢于冒险、勇猛刚毅、心胸开阔、城府深密等。同时也形成了他品质中为别的帝王不具备的优秀亮点，就是为人豪爽、讲义气、忠厚、不念旧恶。比如，他早年浪迹天涯时，曾受人侮辱，但当皇帝后，从不报复，能正确对待，有的还被委以重任。此外，他还具有生活俭朴的优良品德。他当皇帝后不讲究穿戴，常穿的是一身旧衣服，坐的车也很普通。他的女儿作为公主建议要把他坐的专车装饰得华贵一些才与天子身份相符，他断然拒绝，并严肃地对女儿说，皇帝应牢记古言国君是“以一人治天下，不是以天下侍一人”。

赵匡胤三十三岁即位当开国皇帝，此前他为后周领兵征战，此后他在位十六年，大部分时间又在为自己所建宋皇朝统一全国而战，基本戎马一生（史称“马上皇帝”），但他从跟随周世宗起就喜欢读书，到晚年更是手不释卷，四十九岁时突然死亡（猝死原因，只留下“烛影斧声”疑为赵光义谋害篡位的千古之谜）。

宋太祖不明不白地过早逝世，避免了不少国君执政后期出现这样或那样过错的可能，从而使他得到了较好的盖棺论定。当时和后世的史家们根据他在位期间不杀后周皇室子弟及其朝臣，不杀开国功臣，不杀士大夫，不杀曾经侮辱过他的人，不滥施刑罚，加上带头注重节俭等，一致认为他是一位“忠厚为本”“宽仁为治”的开国之君。作为一个手握生杀予夺大权的封建皇帝，除谋反、违反军纪和重大贪贿者外，能尽量不杀人或少杀人，的确有别于许多帝王。所以，一介武夫出身的宋太祖赵匡胤得到如上的评价，实属当之无愧。毛泽东在《沁园春·雪》一词中写下“唐宗宋祖”，也说明了赵匡胤在历史造诣非凡的毛泽东心目中的位置。

第三节　把全国工作重心由对辽征战转移到国内经济文化建设的宋太宗

把全国工作重心由对辽征战转移到国内经济文化建设上来是一个正确的治国决策。

开始重视农业先进生产技术推广的皇帝。

“垦田即为永业，官不取其租”是大大促进当时农业生产发展之举。

宋太宗（太祖弟）赵光义是宋朝第二任皇帝。由于他在宋太祖执政时已拥有重权，位在丞相之上，所以他继位后政局很稳定，没有出现任何动荡。

一、宋太宗在位治国二十一年，基本上是承袭太祖草创之制，但有所补充、完善和更革，使之渐成定制。

军事经验很少、二十一岁起一直在赵宋新政权机构中担任要职的赵光义，三十七岁刚一继位就“思有以贴服中外”。他认为只有以武功完成太祖未竟的统一大业（主要是想收复“五代十国”时期被契丹族辽国占领的位处中原地区的燕云十六州和灭掉北汉）才是镇抚人心、提高自己威望的最好办法。于是，他立即以“为世宗、太祖刷耻”（周世宗、宋太祖都多次征讨北汉失败）为号召，用政治压力迫使南方两个地方割据政权献地归宋，又用军事打击迫使“五代十国”中的最后一国北汉投降，从而结束了自唐朝“安史之乱”以来长达两百多年的藩镇割据和多国林立、国家分裂的局面，使“中国疆土几复汉、唐之旧”。

接着，他先后两次亲征辽国和一次以督军方式伐辽，但由于他不具统军才干又缺乏指挥重大战役的经验，宋军在强大的辽军面前累战累败，致使宋太祖以来选练的精锐部队遭受惨重损失（包括杰出抗辽将领杨继业为国捐躯）。在其中一次亲征中宋军几乎全军覆灭，他自己“仅以身免”，因腿部受箭伤，不能骑马，“窃乘驴车遁去”。从此，宋太宗惧辽，再不提攻辽收回燕云十六州之事，对辽国采取了防御战略，而把主要精力转移到国内治理上来。他当时向臣民宣布这一转移的理由是：“国家……外忧不过边事，皆可预为之防。惟奸邪无状，若为内患，深为可惧。帝王合当用心于此。”①

关于这一史实，笔者认为：

尽管太宗上述理由有出于顾面子的虚荣之嫌，但在当时宋朝国力不足，人心动荡的实际情况下，他基于这一认识把全国工作重心由对辽征战转移到国内治理上来的决策是正确的，有利国家防止当时可能出现的内患，有利发展经济和保持社会的稳定。

试想，如果宋太宗一门心思只想收复燕云十六州，实现祖国统一，而不承认当时辽国的强大，不思量宋朝当时国力的不足，不顾及宋军当时的疲劳，不正视自己缺乏军事指挥能力而继续盲目攻辽不止的话，那么，曾经攻辽差点全军覆灭的宋军就很可能老本输光，宋朝的结局不是重蹈隋炀帝屡攻高句丽激化国内矛盾的覆辙，就是辽军愈战愈强进而入主中原更广大地区。若果真如此，那历史对宋太宗这位“二世”之主定将是另一番评价。这里，我们要庆幸宋太宗在国家尚未耗尽攻辽余力时做出了明智的“转移”选择。当然，国事决策和世间其他任

① 转引自翦伯赞《中国史纲要》下册。

何事情的取向选择一样，有利就有弊，宋太宗当时把“外扰”（民族矛盾）仅仅看作不过“边事”不足为虑的思想，后来被其子孙们当成“祖宗之法”加以继承，终于导致了宋朝一直没有处理好民族矛盾因而亡国的恶果。但这在很大程度上是其继位子孙们的问题，宋太宗当时的决策则是必要的。后人如果脱离历史条件看历史事件，那历史也就不成其为历史了。

至于后世出现对这一史实的不同看法，那是见智见仁的问题。学术嘛，需要争鸣，方能发展。

此后，宋太宗一心抓有利民生的国内经济和文化的发展。举其突出事例如下：

他治国第一个突出亮点，是重视农业科学技术。比如，他重视农桑，要求农民讲求耕作方法，研究土质，并开始重视农业先进生产技术的推广，下诏在全国选“精悉土质、明树艺之法者为县农师”。

他第二个治国重大举措是规定垦荒田为永业田（不具均田制的永业田性质）。这就是他晚年鉴于王小波、李顺领导的农民起义提出“均贫富”的口号后，颁布“垦田即为永业，官不取其租”[①]的诏令，使宋初几十年内继隋朝和唐朝武德、贞观年间全面实施均田制大量增加自耕农之后，农村小土地所有者急剧猛增。此举大大促进了农业生产的发展。

他第三个治国举措是继太祖兴文抑武。他认为王者虽以武功克乱，终须用文德致治。他在尊崇儒家思想的同时，又仿效武则天极力推崇《老子》一书，倡导无为而治的黄老哲学，下令建崇文院，大量收藏图

① 《宋大诏令集》卷一八二。

书。他认为“教化之本，治乱之源，苟无书籍，何以取法”。他在位期间，组织学人编辑了《太平广记》《太平御览》《文苑英华》等大型类书，使中华大量史籍得以保存。这是他对保存我国文化遗产的一大贡献。

另外，他一直非同一般地重视民生、民意。他晚年下过这样一道对人民充满真诚爱心的诏令：“有可惠民者得便宜行事，吏罢软，苛刻者上之，诏令有未便者附传以闻。”[①]意即凡是对人民有实惠的事，都要因利乘便见机办理。官吏软弱无能，苛刻对待下民的，都要向上报告。诏令中有不利于民的内容，立即交传车告诉我。

作为宋朝弟继兄位、非武人出身的守成之君，宋太宗始以重武攻辽，转而重文治内，而“终以文治显”。他在一次教导皇太子（后来继位的宋真宗）的谈话中曾表明他守成治国的指导思想是：“夫政教之设，在乎得人心而不扰。欲得人心莫若示之以诚信，欲不扰莫若镇之以清静。”[②]这一治国指导思想对稳定人心、防止内患、发展经济有利，使宋朝国力增强且很快出现了一定程度的繁荣，但也在用人方面使清静无为、墨守成规的保守型人才得到启用而进取求新、刚毅勇为的开拓型人才难以得到重用。这也是宋太宗治国期间形成庞大士大夫阶层、平庸冗官骤增的原因之一。此外，宋太宗一生非常喜欢读书学习，又擅长诗词和书法，他是我国古代少数几个在习文方面突出的帝王之一。

总之，作为第二任国君，宋太宗治国虽有上述三四处值得肯定的地方，但毕竟没什么突出建树。他的治国才干及其武功文治远不能和唐朝第二任国君唐太宗相比，但他具有一直坚持鸡鸣即起亲理朝政和

---

① 《宋史·太宗本纪》。

② 转引自肖黎主编：《中国历代名君》，河南人民出版社 1987 年版。

生活节俭的优点，尤其是他重视民生、民意，爱民如子的思想则和唐太宗是一样的。为了防止后代腐化堕落，他也和唐太宗一样，要求他的儿子们“每着一衣，则悯蚕妇，每餐一食，则念耕夫”。[①]（唐太宗曾教育皇室后代要像他一样“每一食，便念稼穑之艰难；每一衣，则思纺织之辛苦”。）

二、宋真宗（太宗第三子）继位执政二十五年间，尽管有个别地方出现农民起义，但当时宋朝政权还很巩固，起义成不了气候。由于他先后任用张齐贤、寇准为丞相，整顿吏治以稳定大局，裁减冗吏近二十万人，使全国耕地继续扩大，人口增加，社会经济迅速发展，国家出现了十来年的治世。特别是公元1004年，累次犯边的辽军大举攻宋，很快兵临澶渊（今河南省濮阳县南）城下，与北宋京城开封只有黄河相隔了。在主和派大臣一片迁都声中，丞相寇准力主真宗亲征抗辽，继位七年、时年三十六岁、本不想打仗的真宗在寇准和许多大臣陪同下壮胆渡过黄河亲临澶渊城，抚慰将士，军威大振。寇准号令将士迎击攻城辽军，取得守城胜利，挫败了辽军的锐气。可真宗没有把握好有利条件，在此关键时刻，却听信主和派大臣的谗言，担心寇准在军中取得声望，威胁赵氏皇权，遂倾向和议。这时，寇准也就不得不违心地同意与辽议和。于是宋辽间签订了互为兄弟国的和约即“澶渊之盟”，以每年向辽国输纳巨额银两和大批财物求得安宁。从此，至辽亡，宋辽两国间保持了一百二十年的和平。

笔者认为：这种和平，是真宗治国期间在宋辽双方势均力敌、辽方不能速决获胜的情况下出现的。对辽方来说，是利用宋方军事上占

① 转引自中央政策研究室哲学历史研究局：《史论十三篇》，红旗出版社2002年版。

主流的软弱惧怕心理、以索取金钱财物为议和条件而获得的；对宋方来说，是利用辽军无法持久为战、有心议和撤兵的心态而以政治上妥协屈辱的方式接受辽方条件换来的。以当时宋人的眼光看来，实现宋辽和平是宋真宗的治国之功，有利宋辽双方人民过安宁的生活和开展经济、文化的交流。宋真宗本人更认定这是自己治国的丰功伟绩。宋辽结盟澶渊后第四年，真宗率朝廷数千人到泰山举行了隆重的封禅大典。但此后的历史证明，以金钱财物换来的这种和平，给宋朝后世在处理与辽、金、西夏周边国家的关系时，带来了许多外交上的被动和政治上的进一步屈辱。

真宗执政期间，对外商贸业发展很快。他继宋太祖于公元 971 年在广州首设市舶司之后，于公元 999 年诏令在杭州、明州（今宁波市）也设置市舶司，为外来商客提供方便，并对外商经营进行管理和监督（唐玄宗继位初年，首设负责海外贸易的官职市舶使）。顺便说一句，据从事古钱币研究多年的屠燕治（现任南宋钱币博物馆馆长）通过大量考证后，最近在《中国钱币杂志》上著文断言，不直接参与交易的一种有价证券，当时叫交子（相当于现在的银行支票），就是真宗在位年间出现于流通领域的。（世界上最早的纸币，当时称作“会子”，产生于南宋时的杭州。但不少学者认为交子是参与流通领域交易的纸币，由政府印制发行的交子始于北宋仁宗继位初的公元 1024 年 3 月 19 日。会子则是汇票、支票之类的票据，在南宋高宗赵构在位末年的公元 1159 年 12 月开始出现于流通领域。以上两种说法的对与错，待考。）

三、真宗死后，仁宗赵祯（真宗第六子）继位。他在位四十一年，执政重仁爱，不尚武，比较重视民生，社会经济有所发展，特别是他任用范仲淹为参知政事（副丞相），于公元 1043 年实行改革，取得一定成效，史称“庆历新政”，但新政实施仅一年零四个月，因遭大官僚集团反对而失败。此次改革失败后，时年四十五岁的包拯向三十四岁的仁宗皇帝上书建言，希望他对治国人才要不拘一格“擢而用之”，对治国谏言要像唐太宗那样“明听纳”。十五年之后，公元1058年，王安石向仁宗上万言书，主张朝廷再行改革，但没有引起晚年的仁宗的重视。十一年后，“思除历世之弊，务振非常之功”、很有治国抱负和作为的宋神宗才任用王安石为丞相，实行以富国强兵为宗旨的变法。但这时的宋皇朝已“积贫积弱”太重，宋神宗支持的王安石变法即“熙宁变法”历经十六年取得可观成效后，因宋神宗去世，守旧势力上台执政而以失败告终。

四、历史上把宋朝分为北宋和南宋。赵匡胤所建宋朝的前半期为北宋。北宋传到第八、九两任皇帝即徽宗、钦宗父子时，北宋朝政已腐败至极，以至灭辽后的金兵南下侵宋没有遇到任何有效抵抗、势如破竹地攻入京城，皇帝钦宗和其父徽宗都被金兵所俘。史称这一国耻事件为“靖康之乱”。公元1126年，北宋灭亡，国祚一百六十六年。

宋朝的后半期南宋是宋高宗赵构（北宋第八任皇帝徽宗第九子，钦宗弟）在今河南商丘（当时称南京）建立（后定都临安即今杭州市）、长期偏安南方的皇朝。南宋也历九帝。南方由于不是北宋时的抗辽、金战场，没受到战争破坏，加上“靖康之乱”有数百万北方移民定居南方，因而长江流域和岭南地区的经济、文化得到比北方黄河流域又大又快的发展。并且因为南宋政府为增强国力以抗衡金国，大力推广农业技术发展农业生产，又特别重视商业和海外贸易发展商品经济，这样，就使南宋成为国家财力超过隋唐、甚为富庶的一个朝代。赵构在位末年，朝廷的外贸收入就已超过北宋时最高年份的一倍以上。至今人们耳熟的两句谚语“上有天堂，下有苏杭”和“苏湖熟，天下足”就出现在南宋时代（苏湖指当时的苏州和湖州，以后两湖两广开发，这个谚语就成了“湖广熟，天下足”）。但以宋高宗赵构为代表（他最担心其父徽宗和长兄钦宗一旦从金国回来，他的帝位就理所当然地要还给钦宗了），以后多数皇帝都只想维持现状，不思进取，特别是在处理与其并存的金、西夏两国关系上，常常实行屈辱求和以保南宋朝廷安稳、国家富庶的政策，没有出兵北伐的打算。（抗金英雄、对国家赤胆忠心、背刻“精忠报国”四字、胸怀“还我河山”之志的岳飞在抗金战争取得节节胜利的大好形势下却被奸相秦桧诬以“莫须有”的罪名而含冤被皇帝赵构赐死。用“把吴钩看了，栏杆拍遍，无人会，登临意”的词句表达以身许国、誓死抗金决心的辛弃疾总是遭反对抗金的南宋朝廷的排挤罢免而报国无门。）

五、南宋值得题写一笔的是第二任皇帝宋孝宗赵昚（音shèn，赵匡胤第七世孙，高宗赵构无子，纳其为嗣子，南宋此后皇帝不再属赵光义世系）。他执政治国期间，注重民生，实行轻徭薄赋、兴修水利、发展生产的政策，又慎选官吏，注重吏治和文化教育事业（如注重文化发展方面，他改变北宋后期以来学界派系相互攻击

王安石

的风气，支持各学派共同发展，他为苏轼文集出版作序，这样，王安石新学、程朱理学、苏氏蜀学都活跃起来，学界朱熹、陆九洲、陆游、范成大、辛弃疾等许多人的精品力作都在孝宗治国期间涌现出来），使南宋出现了政治较为清明，经济文化繁荣兴盛的局面，都城临安人口达到百万（在南宋朝代，其人口高峰期有一百五十万），取代北宋都城开封成为当时世界上最大的都市。孝宗在位治国二十七年，史称“乾淳之治”（乾：乾道，淳：淳熙）。他本人也被封建史学界评为“卓然为南渡诸帝之称首”（宋孝宗继位当年即在岳飞遇害二十一年后为其平反昭雪，还启用辛弃疾，一度让他任江西提刑之职）。

宋孝宗在处理宋金关系上，一生主战，不忘攻金雪耻，他继位后使正在进行的抗金战争取得了短暂的胜利。但由于多种原因，特别是其父太上皇宋高宗屈辱求和思想的干预，使他不能如愿继续伐金，宋金战争以双方“隆兴和议”签约结束。此和议以金宋为叔侄关系，改变了以前对金的臣属地位，“易岁贡为岁币”，求取了以后四十年两国基本上没有发生战争的和平。

南宋历一百五十二年后，被元军攻击于公元 1279 年灭亡（标志是末代国主，才八岁的卫王赵昺被陆秀夫背着跳海而死）。

对“两宋”之亡，笔者有如下评议：

北宋、南宋两朝政权，都不是亡于农民起义，也不是亡于军事政变，而是分别亡于北方的金朝和元朝。“两宋”治国都比较注重民生、发展经济和文化事业，没有使统治阶级和被统治阶级的矛盾高度激化，也比较注意平衡统治阶级内部利害关系，但都没有处理好民族间的矛盾。而这一矛盾与前两种矛盾的性质不同，必须靠强大的军事实力才能遏制金、元入侵占领的野心。究其“两宋”之所以败亡于金、元，笔者认为，是因为宋朝赵氏皇帝一以贯之的以重文轻武为永保其家天下的治国方针所造成。

北宋、南宋两朝所历三百一十八年，是我国封建社会走入成熟的时期。全国总户数由唐“贞观之治”结束时的三百八十多万户增加到北宋末年（公元1110年）的二千零八十八万多户，增加了五倍多（人口已达一亿左右）。1. 农业生产发展到一个新水平，棉花经阿拉伯人引进中国后在江南大面积种植；2. 工商业迅速发展，手工业作坊在都市和民间普遍兴起，期票、信用证和纸币在商品交换中逐渐广泛流通；3. 城市经济超越汉、唐鼎盛时期，空前繁荣，张择端所绘都城汴京（北宋称之为东京，今河南省开封市）市内的《清明上河图》就是这种繁荣的艺术再现；4. 中外贸易兴盛，瓷器成为中国的最大出口业务。纺织、刺绣特别是杭州刺绣的工艺水平跟景德镇瓷器的工艺水平一样，已经处于世界领先地位；5. 科举制已发展到顶峰时期，儒家知识分子已形成一个执掌从中央到地方各级政权的士大夫阶层（士阶层即知识分子阶层在春秋时已基本形成，但那时知识分子多数没有进入政权机构），其中有不少于三分之一的官员出身平民家庭；6. 儒家思想进一步发展深化，出现了以程颢、程颐和朱熹为代表人物的程朱理学，全国的教育文化事业继隋唐五代之后有长足的发展，显得甚为发达，除了国立大学外，民间的私立大学普遍兴办起来；7. 科技方面，活字印刷术、火药、指南针（当时称罗盘）、相继在世界上首先发明出来，“改变了整个世界的全部面貌和状态”（英国培根语），东汉时蔡伦发明的造植物纤维纸的技术在社会上广泛使用。还有当时世界上第一台天文时钟的发展、第一次提出的“贾宪三角形”和“增乘开方法”理论、沈括所著涉及自然科学诸多领域前沿知识的《梦溪笔谈》的出版等。

8. 在文学、史学、哲学等社会科学领域也取得不少巨大成就。举史学为例，在西汉司马迁所著中国第一部纪传体通史《史记》之后，司马光主编的有二百九十四卷、约四百万字的巨著《资治通鉴》出版问世。这部政治编年体史著，详细地记载了自公元前 403 年到公元 959 年（北宋建立前一年）计一千三百六十二年中国封建社会发展的历史。

两宋这三百多年的中国，北部地区有辽王朝与北宋对峙，后来在辽王朝末期建立的金国灭辽后又与北宋对峙，金灭北宋后再与南宋对峙。西北部地区有在北宋中期建立的西夏皇朝先与北宋对峙后与南宋对峙。

"火药、指南针、印刷术，这是预告资产阶级社会到来的三大发明"①。可是，这三大发明的发源地中国在处于封建社会成熟期的宋末，却处在上述五个朝代（其中有的还是奴隶制王朝）长期交错对峙和相互征战的复杂环境中。这是一个很不利于它或者说使它无法抓住契机、实现社会转型的环境。

第四节 辽、金、西夏三朝皇帝的治国认识

"因俗而治"——首创南北两院制的辽太宗。

通过移民引进先进生产技术的金太祖。

一、辽朝的前身叫"契丹"。它是我国北部少数民族契丹游牧部落首领耶律阿保机建立的一个奴隶制国家，传九帝，历时二百零九年

① 《马克思恩格斯全集》第 47 卷，人民出版社 2008 年版，第 427 页。

（从契丹王朝于公元 916 年建立算起）。其第二任皇帝辽太宗耶律德光在位期间，任后唐河东节度使管辖中原燕云十六州的沙陀族人石敬瑭反叛后唐。他遣使降“契丹”换取契丹军事援助。耶律德光见有如此天大的好事，立即出兵通过残酷的杀戮灭掉后唐，扶持石敬瑭建晋称帝。契丹军进占中原十六州后，面对比奴隶制先进得多的中原封建文明，耶律德光于公元 938 年提出了“因俗而制”的国策，首创契丹朝南北两院制。这是辽太宗治国的一个开历史先河之举（灭后唐十三年后，辽太宗于公元 947 年改契丹国号为“辽”）。

他说：“以国制治契丹，以汉制待汉人。”[①] 意即在契丹族原居住地域，实行契丹族传统的奴隶制，在中原十六州地区，实行汉族封建的政治、经济、文化制度。不久，中原先进的封建文明很快就传播到辽朝契丹族地域，使该地域得到跨越式的发展，辽朝也因此强大起来，成为后来北宋的劲敌。

契丹王朝在唐朝灭亡后九年、“五代十国”前期就已建立，改国号为“辽”十三年后，北宋建立，它与北宋以战抗衡四十多年后，两国按“澶渊之盟”所订和约彼此以和相安，直到它被崛起于我国东北地区的金国和北宋联手所灭。其残部西迁后又建立了一个小王朝，史称西辽。西辽存在几十年后，被成吉思汗所率蒙军灭掉。从此，契丹这个民族在中国版图上消失（所留契丹族人可能四处逃散，已融入当时国内外其他各民族之中）。

二、金朝是我国东北地区少数民族女真族在辽朝末年建立的一个国家，创建者是金太祖完颜阿骨打。他治国重视民生、民意，为了恢

① 转引自肖黎主编：《中国历代名君》，河南人民出版社 1987 年版。

复灭辽战争中遭受严重破坏的农业生产和发展国民经济，他实行了一项重大的移民政策，把燕京的豪族、工匠和山西各州的居民迁搬到女真族的发源地，使东北地区因得到汉族先进农业和手工业技术的传播而得以迅速开发。

金太祖的孙子金世宗完颜雍是金朝第五任皇帝。他在位二十八年。他继位当年即公元 1161 年，力排众议把国都迁到大都（今北京市），接着与南宋议和（即与南宋宋孝宗“隆兴和议”签约），使宋、金不间断的战争停止，基本上保持了三十多年的和平。他根据金朝建国五十年来民生民意变化发展的国情，从整顿吏治和法制入手，大力推行经济、文化等各方面的改革。他治理经济有一个亮点，就是实行通检推排政策，即政府每三年对全国的户口、土地和私人的房舍、园地、车马、牛羊等进行一次普查，根据普查结果分类别和等级征收税赋，摊派差役，以解决“赋调轻重不均”“差役不均”的问题。

金世宗以儒家思想治国，推行仁政，重贤纳谏，不计前怨，知人善任，倡导务实作风和勤俭品德。史家称他有“汉文景风”，还一时有“小尧舜”之誉。金朝在他治理下，社会呈现出“天下治平，四民安居”“群臣守职，上下相安”的清明小康局面。

金朝历十帝，历时一百一十九年，被蒙古和南宋联合进攻所灭。

三、西夏是我国西北部少数民族党项族建立的一个王朝。党项族是有悠久历史的古老民族羌族的一支，隋末唐初，党项族开始强盛。其首领，唐时受封公爵，北宋时受封王爵。此时，其社会已基本完成向封建制度的转型。北宋中期，李元昊继王位后于公元 1038 年宣布独立建国称帝，国号大夏（史称西夏）。北宋政府不能容忍这个边陲少数民族受封王国反叛自立，决计用兵征讨。这正好给元昊以进攻宋军的借口。此后几年内宋夏间多次交战，宋军屡战屡败。后来宋军采取范仲淹（时任陕西经略、安抚、招讨副使）清野固守和征服诸羌人心的战略，才使党项族西夏渐陷孤立。西夏对宋战争虽然连续获胜，但国内人力、财力都难以为继，有心结束战争，北宋政府也力图谋求妥协苟安。公元 1044 年，宋夏双方达成协议，夏对宋名义上称臣，宋每年“赐”给西夏若干财物，并恢复宋夏间中断了五年的贸易往来。西夏皇朝历十帝，历时一百八十九年。治国方面，没有突出帝王。

第八章　元明治国

元、明——公元 1271 年至公元 1644 年，计 373 年

第一节　元太祖铁木真和元世祖忽必烈的治国认识

“灭国四十”建立世界第一庞大帝国的元太祖铁木真。

建立地方行省制是对郡县制的重大发展。

最先采取切实措施建立“村社”农忙时开展互助生产的朝代。

台澎巡检司——第一个专管台湾和澎湖诸岛行政事务的机构。

元太祖孛儿只斤·铁木真，就是统一蒙古高原各部落创建“大蒙古国”、一生征战亚欧大陆、“灭国四十”的“一代天骄”成吉思汗。他率军攻城略地，真可谓叱咤风云，所向无敌。他以非凡的武功把“大蒙古国”扩建成世界上迄今为止疆域最广阔、有七百多个民族和部落归服的国家。他是令当时国际社会许多白种人国家视为“黄祸”元凶、

谈之色变的东方军事家和政治家。(蒙古族古代国王称“可汗”，简称“汗”。成吉思，意即海洋。成吉思汗，是蒙古高原于公元 1206 年统一后各部落聚会给铁木真上的尊号，意即有海洋般广阔无边权力的皇帝。)

一、铁木真年幼时经历艰辛，成年后屡遭挫折，他以超凡的毅力、智谋、才干和勇敢获得成功。他四十四岁即大汗位，在位二十一年时间里，除建立了“大蒙古国”一套比较完整的统治机构外，没有什么治国建树，因为他几乎把全部精力用在了对外扩张的掠夺性战争上面。但他有罕见的治军才干、组织能力和善于分析问题的智慧。史载他“深沉有大略，用兵如神”。他所率领的蒙古骑兵“来如星坠，去似闪电”。作为一个国土横跨东亚、中亚和南俄的庞大帝国的大汗，他胸襟开阔，气度恢宏，对朦胧不明的局势往往能很快做出正确的判断。闻名西方世界的亚历山大(古希腊马其顿王国的国王，他使国家版图横跨欧、亚、非三洲)和查理曼(古罗马法兰克王国皇帝，他使国家版图囊括了欧洲大片土地)等帝王也曾建立过庞大的帝国，但身死后，帝国立即瓦解，而铁木真死后，大蒙古国却没有发生类似情况。从这一事实，足见其组织能力之高超。

铁木真个性中突出的特点，是对他所要征服地方的军民狠毒凶残。他率蒙军征战四方，铁骑所至，杀人无数。真所谓“王钺一挥，伏尸万里”。尤其是有抵抗的地区，一般都遭其抢光、杀光之祸。他本人和他统领的蒙军以武力征服敌方和夺取其财物、美色为“男子汉的最大乐趣”(铁木真语)，给东西方许多国家的经济和文化造成了极大的破坏。他是在征讨西夏皇朝途中走完他极富传奇色彩的人生历程的，病逝时享年六十五岁。庙号太祖。

成吉思汗死后，按遗诏其第三子窝阔台继位。窝阔台联宋灭金后，任用契丹人耶律楚材为丞相，“以儒治国”，改革蒙古传统的统治方式，为蒙古族后来入主中原，变为大一统元朝创造了条件。

二、受命主管漠南汉地的元世祖孛儿只斤·忽必烈（太祖孙，公元1215年—1294年）于公元1260年成为“大蒙古国”的第五任大汗。他即位后于公元1271年，宣布废除“大蒙古国”国号，定国名为“大元”（取《易经》中“大哉乾元”之意）。从此，“大蒙古国”嬗变为元皇朝。八年后，他率军灭南宋，使元朝成为当时一个疆域超历史的大一统朝代（元朝第三任皇帝元武宗继位后，漠北即包括今蒙古国所辖地域成为元朝的一个行省）。此后，为了元朝，元世祖忽必烈几乎是做出了全身心的投入和付出，他把自己一生的精力和心血奉献给了这个民族众多、疆域广袤的国家。

成吉思汗

元军在灭南宋过程中遭到了汉族广大人民的激烈反抗（如南宋末著名将领、丞相、牺牲前留下“人生自古谁无死，留取丹心照汗青”浩然正气诗句的文天祥，他在元军进入南宋都城临安后仍领兵南下继续坚持抗元），因而汉族人民遭受蒙军的杀戮也最惨重（主要在元军灭宋初期）。据吕振羽所著《简明中国通史》载，当时的情景是“十室有九室被毁，百万生灵中逃脱者没有几个”，以至元朝建立之初，中国本土总户数由北宋末年的二千零八十八万多户锐减到只剩一百九十六万七千余户了（逃亡的在外）。

作为元朝开国之君的忽必烈为实行中央集权，在地方设立行中书省，简称行省（当时共设十个行省），后世除明朝外，为清朝、中华民国和现今中华人民共和国的行政区划所沿袭。行省制是对秦朝郡县制的一大发展，它加强了中央对地方尤其是对边疆地区的管辖，有利多民族统一国家的巩固。设立行省同时，他专设了分管台湾和澎湖诸岛行政事务的台澎巡检司。他还在改国名后第二年，即公元 1272 年，把国都从沈阳迁到燕京，把燕京改名为大都（今北京市），在前朝金国作国都修建的基础上扩建和筑城设门，大体上奠定了这座城市的规模（后来明朝把大都改名为北京）。

元世祖在设地方行省的同时，又在各行省凡大小兵要之地派军队长年镇戍且就地屯田，实行军事封建统治。此统治办法“祖宗成宪”即被视为元朝世祖后各代定制。

元世祖在位三十四年，其中改国号为“大元”后治国二十三年。这位“马背上的民族”首领成为版图超过历代皇朝的泱泱大国最高统治者后，采纳汉族知识分子刘秉忠（僧侣身份，学识渊博，元世祖重要智囊人物，很受器重，后遵旨还俗，命为丞相府高级官员）所提“以马上得天下，不可以马上治天下”的建议，对民生的重要性有足够的认识。元世祖忽必烈尤其对发展农业生产特别重视，提出“劝农桑以富民”[①] 的治农方针。他说：“国以民为本，民以衣食为本，衣食以农

① 《元史·世祖本纪》。

桑为本。”[①] 他的治农措施切实具体：

1. 政府设置专管农业生产的领导机构——“大司农司”。（西汉武帝时，始设大司农官职。）

2. 把农民按十户或五十户为一个单位组织起来，起初叫“锄社”，后来叫作“村社”，每社定一社长，负责督促农民不误农时耕作。农忙时，村社内农民互助干农活以抢农时；对病患之家，村社共力相助以不使田土荒芜。并且还要求农户在自家田土之侧立一块写有社名和户主姓名的木牌，以便社长随时检查生产情况（唐玄宗李隆基于公元 725 年诏令各州县建立“劝农社”，以便农民互助）。

3. 命令大司农司收集古今农业生产先进技术资料，编辑出版了《农桑辑要》一书在全国发行推广（他死后元政府还出版了《农书》《农桑衣食撮要》两本书），以普及农业生产的知识和技术。

4. 以“户口增、田野辟、词讼简、盗贼息、赋役平”[②] 五条作为标准考核地方各级官吏的政绩。

元世祖在整顿吏治和加强法制方面有突破性的认识，即他痛恨诉讼诬告和监察官失职，各举一例：

关于诉讼诬告，他说：“凡讼而自匿及诬告人罪者，以其罪罪之。”[③] 意即凡是告状而隐瞒自己的罪过和诬告别人有罪过的人，就用这种罪过的惩罚来惩罚他。

关于监察官失职，他说：“中外官吏赃罪……言官缄默，与受赃者

① 《元史·世祖本纪》。

② 《元史·世祖本纪》。

③ 《元史·世祖本纪》。

一体论罪。”[①] 意即朝廷内外的官员有了贪赃的罪过，谏官和监察官闭口不加检举，与接受贿赂贪赃的人同样判罪。

此外，元世祖仿东汉光武帝和南北朝梁武帝对民间难以维持生活的人也下了一道体现关心老弱、病幼、鳏寡的诏令：“诸路鳏寡孤独疾病不能自存者，官给庐舍，薪米。”[②] 意即各个地区对不能养活自己维持生存的单身汉、寡妇，无依无靠的老人和儿童以及有疾病的人，官府要供给他们住房、烧柴和粮食。

“大蒙古国”空前庞大，蒙古统治者难以对广大地域的各汗国进行有效的控制和管理。它嬗变为元朝后，由于元世祖重视民生，免除南宋时人民承担的烦冗科差，减轻农民的正额赋税，其所辖中国范围内的社会经济就很快得到恢复和发展，尤其是农业生产发展较快。这就促使商品交换兴旺发达起来。宋时用于交易的铜钱和在一定地域流通的交子、会子已不能适应商业发展的需要，于是，元朝政府开始全面发行纸币，称为“中统元宝交钞”“至元通行宝钞”（中统、至元是忽必烈在位期间先后用过的两个年号），这就是后世“元宝”和“钞票”称谓的来历。随之，中国与他国间的陆运、海运交通贸易也兴盛起来，不少都市、港口都呈现出一派远远超过当时亚欧其他城市的繁荣景象。到过杭州、扬州、福州、成都、大都等十来个城市的意大利商人（在元朝任有官职）马可·波罗回国后口述，被一位作家记录的一本盛赞元朝城市繁华的书《马可·波罗行纪》就是证明。

杭州在南宋时就是世界最大都市，公元 1276 年元军未经作战就占领杭州，城市没有受到破坏。元初，忽必烈作为开国君主很注重民生，

① 《元史·世祖本纪》。

② 《元史·世祖本纪》。

发展经济，所以杭州又继续得到近二十年的发展。其繁荣富庶程度在外国人看来当然就是人间天堂了。因此，马可·波罗这个意大利商人就直率地说欧洲当时城市之冠威尼斯和杭州比起来，“不过是一个破旧的村庄”而已（此语引自樊树志《国史十六讲》，后面还有引用）。

但由于蒙古各级官员很快就开始贪污腐败，加上元世祖连年用兵海外，人民在元初已减轻了的税赋徭役负担很快就比宋朝时大大增加了，因而社会生产力的发展也就很快受到严重阻碍。

元世祖治国有发展经济成绩卓著的一面，但也有严重失误的地方。其严重失误就是在处理民族、知识分子、地方基层管理和法律等对蒙古统治者有特殊重要意义的问题上实行了没有政治眼光的最落后、最愚蠢的政策。

1. 在民族问题上，实行蒙古族至上的民族压迫和民族分化政策。元政府把国民按民族分为四等，蒙古族是第一等，即“国族”，第二等是色目人，主要指当时西域、中亚、西亚等地的各民族；居住在中国淮河以北的汉族、女真族等称汉人属第三等；第四等是原南宋统治下的汉族和其他各族，统称南人。

2. 在知识分子问题上，实行鄙视读书人的政策。蒙古族历来是个马背上的民族，只崇尚骑射和武力。元世祖执政后，面对被统治者大多数是以农耕为主、有四千年文化传统的汉族人民，曾聘用汉族大儒多人帮他讲述“经国安民”之道，他转而信用儒学，并采纳这帮大儒建议，用“汉人之法”治国，在全国兴学校、立科举、尊孔子，还令地方各级修建孔子庙。但他在位期间元政府却实行由吏（多是蒙人）入仕和公开拍卖官职、不在读书人中选仕的政策。可见一生喜欢征战的忽必烈打心眼里还是瞧不起温文尔雅的读书人，也没有真心想要培育汉族人。“这就断绝了普天下读书人由儒学进身步入仕途的希望”，知识分子的“社会地位不能不受到很大损害，以至当时戏台上竟有一官二吏、九儒十丐的谑语”[①]。据台湾柏杨所著《中国人史纲》载，当时的元政府把国民按职业分成了十级，即：

只能由蒙古族人担任的各级官、吏是一、二级；佛道二教僧侣是三、四级；医生，五级；第六、七级分别是高级和低级技术人员；儒道各学派知识分子是高于最末一级乞丐的第九级，比第八级娼妓还低一级。[②]（我国当代著名历史学家钱穆以史料《辍耕录》为据，说此十级是当时社会上的传说，其中七、八两级是猎和民，猎指猎人，民指汉人和南人中的农民。）

元朝中后期对儒家士人才开始真正重视起来，如忽必烈孙子元成宗铁穆耳继世祖之位（从他开始元朝国君称皇帝）后，面对汉族和其他少数民族人民越来越激烈的起义反抗，认识到必须重视汉族文化、尊崇儒家思想才能维持元朝的统治，他死去的那年即公元1307年下诏追尊孔子为“大成至圣文宣王”。（当时民间据此刻碑宣扬圣旨和孔子，现重庆市奉节县白帝庙就还保存立有这样一块石碑。这是笔者参观三峡时，在碑林中所见。）

3. 在地方基层管理上，元政府把每二十户编为一甲，每甲一个甲主由蒙古族人担任。甲主对所辖二十户人家实行奴役般的政治压迫和经济剥削。

4. 在法律上，元朝始终没有制定出一部完整的法典。其法制主要体现在因时因地立制、临事制宜的各种单行法规。这些单行法规当然

① 白寿彝主编《中国通史》，第三册，上海人民出版社，第436页。

② 柏杨《中国人史纲》。

只维护蒙古统治阶级利益，对被统治各族人民来说很不平等。比如，蒙古人杀死了汉族人，罚金或罚出征完事，而汉族人杀死蒙古人，灭族并罚烧埋钱，对汉人的各种武器和马匹，一律没收，严禁私藏，连家用菜刀也只准五家共用一把；还不准汉人习武、打猎，夜晚不准关门等。

这四项政策激起了被统治各族广大人民的强烈反抗，从元世祖执政后期开始，也就是元军灭南宋不久，各地农民起义就一直持续到元朝的灭亡。

元世祖灭南宋后的十多年，是他人生的晚年，他在治理元朝的同时，继续穷兵黩武，先后对高丽（今朝鲜半岛）、日本、安南（今越南北方）、占城（今越南南部）、爪哇等国发动了以掠夺为目的的侵略战争，都以失败告终。最后一次侵略战争的失败离他病逝只有两年。他七十九岁时离开人世。

生长于蒙古大草原的忽必烈，一生充满活力，思想始终如战马驰骋般活跃，遇事能迅速把握其内在本质联系，治国在文治武功两方面都大有作为。可他死后，其后代诸皇帝大多没有什么作为。至元末，政府卖官鬻爵更为严重，贿赂公行，官吏贪污残暴，政治极为腐败。当时的社会现实是："奸妄专权……官法滥，刑法重，黎民怨。人吃人……贼作官，官作贼，混贤愚。"导致农民起义全面爆发。

三、元朝历十一个大汗和皇帝（从忽必烈算起），在忽必烈死后皇室统治阶级内部骨肉宗亲之间为争夺皇位的相互残杀中、在主要以军事镇戍的高压武力凶残镇压被统治各族人民的反抗中，维持了九十七年的统治，于公元 1368 年被汉族建立的明朝所取代。（元朝最后一个皇帝元惠宗即明史所称的元顺帝带领元朝残余势力败逃漠北后所建政权，史称“北元”，历两帝而亡。）

第二节　公开承认农民“最为辛苦”的明太祖

继后周周世宗之后恤民思想突出的一国之主。

朱元璋用最严酷的办法惩治贪官污吏。

实行任官回避制度的开国之君。

首兴文字狱和大杀开国功臣的明太祖。

出身穷苦佃农家庭的朱元璋有极为艰难困苦的成长阅历。他七八岁时就帮地主家放牛，吃不饱饭，还常挨打骂。他在苦水中泡大成人。刚进入青年时代，因当地（濠州钟离，今安徽凤阳县东）发生旱灾、蝗灾、瘟疫，家中父母兄长相继死去，他便到一座寺庙（皇觉寺）当了和尚求生存。寺庙生活因灾情严重很快也发生了困难，他被打发到安徽、河南等地去化缘乞食三年多。返回皇觉寺后，他每天打坐、念经、读书，还常溜到附近的濠州城探听社会动乱风声、结交胆大勇为的朋友。青少年时代艰苦的生活经历和元末的乱世现实使他了解了社会各方面的许多情况，也造就了他勇敢顽强、坚忍不拔、敢于应战世间任何困难的优良品质，同时也形成了他对人猜忌多疑和狠毒残忍的恶劣个性。

他二十四岁时，皇觉寺被乱兵烧毁，他通过朋友介绍投身元末农民起义队伍，参加了红巾军。很快他就由步卒成长为一名军事统帅。十几年反对元朝腐败政权的战争烈火，把他锻炼成了当时一位出类拔萃的军事家和政治家。他举起“恭奉天命”和“为民除乱”旗帜，以“驱逐胡虏，恢复中华”为号召，先扫除地方割据群雄，后灭掉元朝。公元 1368 年他四十岁时成为明朝开国皇帝即明太祖。

一、朱元璋执掌皇权后，用四年时间乘胜用兵，消灭负隅顽抗的元军，追击北逃的元朝残余反抗势力，实现了明朝的大一统。为了巩固皇权和使朱姓家天下长治久安，他有四个专制举措比以往各朝有新的发展，显得突出，引人注目。

首先，他考虑到自己是由农民起义军中一名普通兵卒起步登上国君之位的，且其貌不扬（下巴过长而又向前凸起），便极力宣扬天命观念和儒家思想，大造君权神授的舆论，使全国臣民相信他就是真命天子从而在心理上接受他朱氏家族的统治。

其次，他从官制、纲纪、礼仪等方面采取措施，树立他作为皇帝对朝廷一切大小军政事务所具有的绝对权威，还用法律形式规定臣民只准对当朝皇帝一人歌功颂德、顶礼膜拜。

再次，他以“藩屏国家”为名，仿西汉刘邦，立长子为太子后，先后三次把其余二十四个儿子和一个重孙不论年龄、功绩先后都分封为王。和刘邦分封有所不同的，一是被分封为王者只享有王爵和统限量兵力的军事权，而不享封土封民之权。二是不分封功臣。他说：“天下之大，必建藩屏，上卫国家，下安生民。……朕非私其亲……为久安长治之计。”①（此复古分封法，酿成了他死后的燕王起兵反叛之役。）

又次，他即位后的第八年，废除元朝时的行中书省制，改设承宣

① 《明太祖实录》卷五一。

布政使司主管地方政务（把全国划设为十三个承宣布政使司，下辖府、县）。他即位后第十二年，以“擅权植党”罪名诛杀丞相胡惟庸，宣布撤销朝廷中书省和丞相职位，并下令：“后世子孙永不许恢复丞相制度。”吏、户、礼、兵、刑、工六部分理朝政，直接由皇帝统领。同时，他废除统管全国军事的大都督府，创立明朝特有的军事卫所制（在全国军事重地设卫，次要的地方设所），让皇帝牢牢掌握军权。

朱元璋以上四个举措，把秦始皇首创的封建国家帝制政权中的中央集权变成了赤裸裸的君主集权，使中国封建君主专制统治在他执政期间达到了登峰造极的程度（其专制性愈强，封建官场恶习就愈重）。从此，这一被极端化了的封建专制政治即君主独裁政治成为贯穿整个明朝朱氏家天下的一大特征。这一特征，很不利于或者说严重影响、阻碍了明朝中、后期社会生产力对已越来越变得落后的封建生产关系的突破。

二、明太祖朱元璋在巩固君主专制统治的同时，根据元末经济上很多地方田原荒芜、国家税源枯竭和政治上“官法滥，刑法重，贼做官，官做贼”的情况，制定了“宽猛结合”，“威德兼施”的治国方针。

宽，指经济上实行宽松政策，重视民生，让人民休养生息。举以下比较突出的六点为例：

1. 高度重视农业和特别体谅农民，使农民的社会地位有史以来第一次得到了适当提高。

他说：“农夫勤四体，种五谷，身不离农间，手不释农具，终年勤劳，不得休息。”[①] 又说：“士农工商四业之民，算农民最为辛苦。”[②] 强

---

① 《明史·太祖本纪》。

② 肖黎主编《中国历代名君》。

调对农民征收租税一定要“取之有制，用之有节”（民田一般只收三十分之一的租税）。

在封建社会不论哪个皇朝，农民历来都是为以帝王为总代表的统治阶级创造财富的最为辛苦的一个阶级。据《天潢玉牒》载，朱元璋说到农民生活的艰辛时，常流泪不止。作为帝王，能以体恤的口气公开承认农民“最为辛苦”，朱元璋是第一人（唐太宗说过“农民实甚辛苦”，“最”比“甚”更确切地反映了农民的辛苦程度）。这与他出生在一个祖祖辈辈当农民的家庭和自己给地主当雇工饱尝种种屈辱和困苦的经历有决定性的关系。

2. 在全国大规模普查户籍人口和土地，比隋文帝实行“大索貌阅”和“输借”之法更加完备。明朝新政权建立后第二年即公元 1370 年，朱元璋派军队协助地方进行人口普查，每户发一本印有“钦差圣旨”四字的“户帖”（相当于现在的户口本）。户贴有户主姓名、籍贯、丁口即家庭成员的姓名、性别、年龄、与户主的关系以及该户田宅、资产、户类（分民户、军户、匠户）等详细内容的记载。地方官员造户口登记册（当时通常称黄册，因封面规定黄色而得名）上报朝廷户部备案。公元 1381 年，朝廷完成编造“赋役黄册”的工作。此举被现今史界认定是世界上最早的一次比较完备的人口普查。公元 1380 年，朱元璋下令丈量核实全国土地，编造出土地登记册。土地登记册通常称鱼鳞册（因绘有田块叠次的图形而得名），有面积、等级、方圆形状等具体内容。然后编百户为里，以加强农村人口、土地、税赋和劳役的管理。

3. 在全国大规模兴修水利，成绩斐然，超过历代帝王。

4. 在全国大规模移民垦荒，移民达几十万人（其中如从江西吉安一带移了不少民户到湖南垦荒居住），并仿宋太宗宣布垦荒“永为己业”。同时实行军屯、民屯、商屯，即军队、游民、行商就地耕种，使全国荒地和元末抛荒田土得到开发利用。到明太祖死前五年，“天下田几无荒弃”。全国田土面积比元末增加四倍多。朱元璋看到自己取得了这一前所未有的成就，曾得意地自夸说：“朕养兵百万，不费百姓一粒米。”①

5. 在重视传统的粮食生产的同时，仿宋太祖赵匡胤注重种植经济作物和各类树木。他把农民种植经济作物的好坏作为考核地方官吏政绩的标准之一，使全国桑、麻、棉花和各种经济价值果木树有很大的发展。

6. 仿元世祖令农民每二十至五十户结为一“社”，春耕秋收农忙季节，互助生产。对灾荒严重的地方，除仿效汉文帝下诏蠲免农民租税外，还以米、布、钞赈济灾民。

明太祖

明太祖宽的治国思想还体现在教育上、用人上和有关法律上。他特别重视学校教育，全国城市乡村都设立学校，培养人才。史载全国“学校之盛，为唐宋以来所不及”；出生低

① 《明史·食货志》。

微者，因军功或学优为官的人很多，所以全国“由布衣登大僚者不可胜数”（钱穆语）；比较宽松的法律如减轻人民劳役负担的“均工夫”法，史家就评论“立法多右贫抑富”[①]。

猛，指政治上实行纠之以猛的政策。朱元璋治国的猛，是以他的个性狠毒为特征的。有两点比较突出：

1. 他说：“立国之初，当先正纲纪。”[②]（朱元璋四年前即吴王位时所说）根据此意，朝廷刚正执法，无情扫荡元末残余敌对势力，同时，对一些地区的豪强地主进行了打击，并没收了他们的土地，在京城南京还抄杀了土豪劣绅一百七十余家。这样，很快使新政权的统治秩序建立起来。

2. 严厉整肃吏治，对新建的明朝政权机构中出现的贪官污吏惩处空前严酷，且不避亲贵。他下令：“官吏犯赃者，罪勿贷。”[③]“今考官事之治，唯重贪吏之禁。”[④]又以他当老百姓时看到元末官吏搞腐败而产生愤怒的心情警示他的臣僚们，说：“尝思昔在民间时，见州县官吏多不恤民，往往贪财好色，饮酒废事，凡民疾苦，视之漠然，心实怒之。故今严法禁，但遇官吏贪污，蠹（dù）害吾民者，罪之不恕。卿等当体朕言，若守己廉而奉公法，犹人行坦途，从容不迫。苟贪赃罹法，犹行荆棘中，寸步不可移，纵得出，体无完肤矣，可不戒哉！”[⑤]按照他的命令和旨意，凡贪官污吏一经发现，轻则发配北方边境充军，

---

① 《明史·食货志》。

② 《明史·太祖本纪》。

③ 《明史·太祖本纪》。

④ 《明太祖实录》卷三八。

⑤ 《明太祖实录》卷三八。

重的（贪污六十两银子以上）则斩首示众，并剥其皮填塞稻草立于衙门公堂以儆继位官员。他恨贪难禁，还用了许多惩杀用刑的方式，都到了失去理智，惨无人道的程度（他和隋文帝一样，带头坚决执法不避亲贵）。

朱元璋充分认识到官吏是政权的重要支柱之一，更清楚地看到了元末吏治的极度腐败是导致元朝败亡的主要原因，因此他在狠抓官员的思想教育和良心启发的同时，又以前所未有的严刑酷法抓吏治以防官吏腐败。他又在坚持平时反腐败的同时，在全国还几次大规模地诛杀贪官污吏，被酷杀者以数万计。朱元璋惩治腐败的严酷和坚决，超过封建社会所有帝王。关于这一严猛治官的效果，清代张廷玉等人编写《明史》时评论说："一时守令畏法"，"吏治焕然丕变矣"，"下逮仁、宣，抚循休息，民人安乐，吏治澄清百余年"。笔者小议：如此长时期的吏治澄清，为中国治国史上所仅见。

此外，朱元璋还有为其施行宽猛政策服务的两手新招：一是通过发动民众论政事以了解下情，具体措施就是专设收受臣民奏章直达皇帝的机构——通政司。诏令："凡天下臣民，均得论政事，用密封交通政司直达衙前。"[①] 并规定通政司对不论任何人的建议、申诉、控告等文书，均不得搁置或不具奏。二是实行任官原籍回避、亲族回避和职务回避制度以防官吏与地方或亲族势力勾结而危及政权（此举比隋文帝、宋太祖官不久任的管理办法更为高明）。

三、朱元璋和刘邦一样，也是起自社会底层、出身民间布衣的一位大一统皇朝的开国皇帝，但他有刘邦所不具有的最贫穷百姓的血泪

① 《明史·太祖本纪》。

身世和苦难经历。因此他在位治国“务有益于民”（朱元璋遗嘱中自我评价之语），且很顾恤老百姓，其恤民思想超过古代所有帝王。

比如，他即位后第十年领群臣举行了一次祭天地的仪式。祭毕，天气晴朗，近臣恭维说这是他“敬天之诚所致”，他说：“敬天者，不独严而有礼，当有其实。天以子民之任付于君，为君者欲求事天，必先恤民，恤民者，事天之实也。”[①] 可见，他治国是把照顾、关心老百姓放在国事之先的，并认为把顾恤人民作为敬天的实际内容，上天才会满意。

笔者认为：中国历代帝王都认为自己君临天下的权力是上天赋予的，因此，他们从登上帝位的那天起，就总不忘定期或不定期地在某个地方（如泰山或北京天坛）祭祀上天，而谁也不曾在敬天时想到自己的权力与人民有至关重要的关系。朱元璋在他所处的那个时代，当然不可能认识到自己身为国君的权力与上天无关而本应由人民赋予的道理，但他在祭天时，却能想到“天以子民之任付于君”，把敬天应当与“必先恤民”之实联系起来，这是非常难能可贵的。恤民思想，是明太祖治国思想中的一个突出亮点。他虽然没有把“必先恤民”和与之互为因果的“务有益于民”思想提升为其治国的指导思想，但这一思想对他的有些治国作为和个人品德产生了重要的影响。

他的恤民思想在即位当年就已经明显表现出来。他说：“元祖宗功德在人，其子孙罔恤民隐，天厌弃之。君则有罪，民复何辜。前代革命之际，肆行屠戮，违天虐民，朕实不忍。”[②] 意即元朝的祖宗在人民中还是有功德的，其子孙却不顾恤人民的痛苦，因此上天讨厌、抛

① 《明史·太祖本纪》。

② 《明史·本纪·太祖》。

弃他们。其子孙作为国君是有罪的，人民又有什么罪过呢？以前朝代更替的时候，大肆进行杀戮，违背上天意志虐待人民，我实在不忍心。明太祖这段话中，有“革命”二字，他也许是第一个使用“革命”一词反映朝代更替的帝王。

明太祖以法治国的思想也比较突出。他常说：“纪纲法度为治之本。”他总结历朝法律，即位前一年就着手制定了《明律》。称帝后，经三次增删修改，到他去世前一年，用三十年时间制定、颁布了一部内容详细、有三十卷的《大明律》。其间，他还亲自采辑官、民犯罪实例（其中列举了六十个官吏贪赃案例），编写了《大诰》法规。

四、明太祖治国除使封建专制政治极端化这一重大错误外，还有不少其他错误之举：

1. 实行重农抑商和闭关锁国政策三十年。他歧视商业，加上为了防止割据残余势力与倭寇勾结，更禁止海外贸易，下令：“一片木板都不准出海。”这严重阻碍了中国商贸业的发展和中外之间的经济文化交流，非常不利中国封建社会生产力向资本主义方向发展。

2. 首创八股取士制度，要求科举考试的文章必须符合八个段落（破题、承题、起讲、入手、起股、中股、后股、束股）的程序和后四股必须用排比对仗句的格式，严重地束缚了人们的思想。

3. 大兴文字狱，即挑剔文章、诗词中与其卑微出身和明朝统治相关联的个别字、句、上纲成政治上的轻侮皇上和大逆不道，予以迫害，冤杀了许多无辜的知识分子，严重阻碍了科学文化事业的发展。

4. 取消朝廷设置丞相一职的制度，把国家政权空前地高度集中在皇帝一人手中，以至他自己为政事忙得不可开交。据吴晗先生统计，他五十六岁时还竟然八天内亲自批阅处理一千六百六十件奏章，计三千三百九十一件具体政务。他后世继位儿孙执政时，由于没有丞相辅佐，政务就往往得不到及时处理了。

5. 对臣僚猜忌心极重，设锦衣卫即由皇帝亲自指挥的侍从军事机构。由于这个机构除有卫侍皇帝的职权外，还有权巡察缉捕和审理诏狱，所以它实际上是一个监视百官和人民的特务机构。

6. 廷杖鞭笞臣僚，以随意猜疑和严刑酷罚对待各级官吏，滥杀开国功臣，超过历代帝王。比如，为了核实地方上报财政收支而出现的空印案和户部侍郎郭桓贪污舞弊案，牵连到朝廷六部和地方大小官吏七八万人，全被处死。又如，丞相胡惟庸和大将蓝玉两案就株连治罪先后斩杀了四万五千多人，开国功臣杀得所剩无几。明太祖朱元璋对执掌国家政权的各级官吏管制如此严酷，致使当时出现“其时文人多不仕”“士大夫不为君用”的局面。尤其是每天要上朝的官员总是在惊吓恐惧中度过时日，“京官每旦入朝，必与妻、子诀，及暮无事，则相庆以为又活一日”。明太祖朱元璋在位期间，是我国古代朝臣的人权遭受践踏、人格遭受侮辱、君臣之间关系最为紧张的一个时期。

7. 执掌皇权前能虚心采纳隐居老儒朱升“高筑墙，广积粮，缓称王”的建议，可登上帝位后就实行极端化的专制统治，再也不听谏言了。还有不少大臣和谏官因进谏遭杀身之祸。他的这种专制暴虐作风对他的后代儿孙皇帝造成了严重的不良影响，致使整个明朝成了中国历史上谏祸最盛的皇朝。

明太祖宽猛治国，两方面都各有一些开创性的举措，其中种种正确与错误，为后世帝王治国提供了借鉴。

五、关于朱元璋的个性人品，除有令他的同时代人胆寒的狠毒严酷和晚年猜忌多疑的一面外，也有一个被后人赞扬的突出亮点，就是他一生十分节俭。这一点，他与前朝汉文帝、汉光武帝、南朝宋武帝、北周周武帝、隋文帝、宋太祖、宋太宗、金世宗等几个有节俭优良品德的帝王相比毫不逊色，甚至超过他们，这是穷苦、卑微的出身使他从小就养成的一种美德。他说："珠玉非宝，节俭是宝。"[①]他建明称帝后，吃穿用住没有丝毫帝王气派，在位期间始终不过一个普通中产农家的水平。有大臣上书劝他"及时娱乐"，他大怒，立即当场"焚其书"，并严厉批评此人是秦朝赵高一类的奸臣。他认为："自古王者之兴，无不由于勤俭；其败亡，未有不由于奢侈。"[②]因此，明廷内外，遂形成节俭之风。

六、明太祖朱元璋在位治国三十年，七十岁时带病坚持理政一月后在平静中结束了他的一生，寿终正寝。他当皇帝理政处事不论对错，都勤勉肯干，始终日夜操劳国事。他的付出，换来了全国人口比元末增加了十倍，达到六千余万，仅次于南宋后期人口最高纪录七千六百多万；耕地面积比元朝扩大了四倍；全国农业、商业都获得很大发展，粮食收成比元朝时大大增加，各地仓库积粮太久，以至有些仓粮"红腐不可食"。史称他执政所用年号"洪武"期间为"洪武之治"。明太祖治国为明朝在他死后继续向前发展，经过四年"靖难之役"后接着出现"永乐之治"和"仁宣致治"的太平治世打下了一个坚实的基础。

关于明太祖朱元璋在位期间始终严厉整肃吏治对治国的正面作用和负面影响，笔者评议如下：

朱元璋是我国古代帝王中实行君主集权专制统治的典型。封建君主集权专制统治和封建中央集权专制相比，是更不利于国家治理的，

① 冯俊科：《帝王治国策》，中国青年出版社 2014 年版。

② 《明太祖宝训》卷三。

唯独出自民间、对贪官污吏危害百姓曾“心有怒恨”的朱元璋在用它对人民专制即压制人民维护自己统治的同时，也用它对统治阶级内部的贪官污吏专制即压制腐败，使吏治“焕然丕变”。其儿朱棣、孙朱高炽、曾孙朱瞻基三代相继为帝者都遵太祖之法，从严治官。这应该是明朝破历朝之例从一建立起就连续出现历时六十多年的三个治世的原因之一。当然，这是我国古代社会两千多年里其政权的专制性明显地、多次地、大规模地而且甚为严酷地用于对付政权自身的腐败，只是在明初出现过的一个特例，没有任何代表性，而且其严酷程度也失去了人道和人性。此惩贪治国之法是不足取的（没有代表性不等于没有借鉴性，清初几代皇帝都仿明初注重反贪倡廉，但明智地摒弃了朱元璋所使用的严酷手段）。

第三节　实行开放对外政策的明成祖

“自今外国人来中国贸易者，悉听自便”——明成祖实行开放的对外政策。

破天荒的外交之举——郑和七次出访西洋。

“金玉之利有限，书籍之利无穷”——明成祖重视文化事业。

一、明成祖朱棣（太祖第四子），是明朝第三任皇帝。朱棣十岁时被其父封为燕王，二十岁藩镇北平，守边“屡建奇功”，威名震朝。针对其父死后朝廷的削藩计策，他起兵反抗。通过一场与政府军历时四年的战争（史称“靖难之役”），于公元1402年，从他亲侄儿明惠帝（又称建文帝，是朱元璋长孙，其父早夭，他继皇位，是明朝第二任皇帝。“建文”是“洪武”之后的年号名）手里夺得国家权柄。他在位治国二十二年（年号“永乐”），在政治、经济、文化、军事、外交等方面都有所作为，并取得显著成就。

政治上，由于他是凭自己身为燕王负责守边所掌握的武装力量夺取自家侄儿帝位的，所以即位后面临的政治境遇甚为特殊，历史上大一统皇朝还没有类似先例。惠帝的部分臣僚认为朱棣的行为是谋反夺位，拒绝和他合作，另一些文臣武将则持观望态度。

对此，朱棣一方面对反对派中的顽固典型人物如儒家大知识分子、文学博士方孝孺实行残忍的杀戮政策（屠杀了方家九族，加上其朋友学生也杀了，称之“灭十族”，共杀八百七十三人，也有说是八百四十七人），还有惠帝重用的大臣高官五十多人也被他列为消灭对象，称为“奸党”，也都遭到他灭九族、三族或一族的株连屠杀，史称“瓜蔓抄”。处死其中有些人时，还或割其耳令自食或割其儿子鼻舌令其吃或剥其皮或死后碎其骨等。另一方面，他对观望派和反对派中可以争取的大多数臣僚则实行团结、拉拢和不咎既往的政策。他说：“致治必资贤才。”① 他以推诚任贤的实际行动赢得人心，很快稳定了朝政局势。接着他依法抓吏治，说：“继今犯赃，必论如法。”②

经济上，他继续实行其皇父重民生的政策，很快使因“靖难之役”而遭受破坏的经济得到恢复，并逐步使农业、手工业和商业繁荣起来（由于他对一些灾荒地区农民“屡蠲租赋”，所以当时朝野赞誉他“爱惜下民”）。

文化上，他特别崇尚儒学，说：“孔子万世帝王之师……天下不可

① 肖黎主编：《中国历代名君》，河南人民出版社1987年版。

② 龙文彬：《明会要》卷四六《惩贪吏》。

一日无生民，生民不可一日无孔子之道。”[①] 并把祭孔日期定在每年三月初一，每年必祭。其目的，当然是利用、强化孔孟之道这一封建社会的思想理论柱石以维护自己的统治。

另外，他认为“金玉之利有限，书籍之利无穷。”[②] 命学人编修了《五经大全》《四书大全》《性理大全》等宣扬程朱理学的书，又命大臣姚广孝和解缙主持编写了内容包括古代许多文化典籍的一套约有三亿七千万字的巨型类书——《永乐大典》。《永乐大典》是历史上最大、最早的一部百科全书（只剩下少许部分保存至今）。

军事上，他坚决维护国家领土和主权的完整，绝不容允外国和受封属国对边境的侵犯。他曾下令反击犯边的安南国侵略军并取得彻底胜利。他还先后五次亲征漠北蒙古，以防其东山再起、卷土复辟。他是亲自率军深入大沙漠（到达成吉思汗曾经即位称大汗的地方）击败蒙古军队的一位中国皇帝。

外交上，他即位当年，大胆突破其父闭关锁国思想的束缚，实行对外打开国门的开放政策，广泛开展以官方贸易为主的对外商贸业务，还培养不少翻译人才与一些国家开展互派使团的访问活动。他宣布：“自今外国人来中国贸易者，悉听自便。”[③] 这是继三国时孙权和隋炀帝、唐太宗、宋真宗支持开展海外贸易之后在认识方面的一个重大发展和突破。他在这方面的认识和广泛的外交作为是历代帝王不可与之相比的，因为这许多帝王都没有说过更没有做过甚至没有想过要打开国门发展商贸事业。

---

① 《天府广记》卷四三。

② 转引自肖黎主编《中国历代名君》，河南人民出版社 1987 年版。

③ 转引自肖黎主编《中国历代名君》，河南人民出版社 1987 年版。

明成祖向海外频繁派出使节，发展多边外交关系，主要是出于宣扬明朝国威和他个人皇威的政治需要，因此他发展与海外的商贸交流的效果也就主要只表现在建立明朝的海外朝贡系统上。他在位期间的全部外交活动中，最有影响的或者说具有破天荒意义的外交壮举是他称帝后的第三年即公元 1405 年派时年三十四岁、身材魁伟、相貌威严的郑和（云南回族人，宫廷宦官，本姓马，赐姓郑，任宫廷内宫监太监，曾在“靖难之役”中建功，崇信佛教）出访西洋（今南洋群岛和印度洋沿岸各国）。郑和任使团的钦差正使，后来被誉称为“三宝（其小名叫三保）太监”。近代发现《郑和家谱》，得知郑和的先祖是从阿拉伯几经迁徙才到中国云南昆阳定居的。郑和的六世祖是元朝的一位政治家、伊斯兰教创始人穆罕默德的后裔名叫赛典赤。马姓，是穆罕默德的译音。郑和率使团七下西洋，历时二十八年，到达印度半岛、阿拉伯半岛、南洋群岛三十多个国家，最远到达非洲东海岸和红海海口，大大促进了中国与亚非许多国家的政治、经济、文化交流，建立和增强了彼此的友好往来（郑和第七次下西洋是在朱棣死后第六年）。郑和代表明朝出访西洋各国，次数之多、航程之远、历时之长、船队和人数规模之巨以及远程航海时间之早，都是当时世界航海史上的最高纪录和最早纪录（首次出访，使团共 27800 多人，分乘 208 艘木制帆船，其中最大的长 151.18 米，宽 61.6 米，至今为世界木船之最）。

近年来，有外国（马来西亚）学者根据考古最新发现，说郑和的航海船队于公元 1422 年抵达了南极大陆。这一发现，一旦被公认，西方航海家最先发现南极大陆的历史就会改写了。

郑和下西洋的成功，使明朝在海外许多国家的政治影响大大加强和扩大，亚非许多国家纷纷派使节来华朝觐明朝皇帝，并献上贡礼，出现了规模超前的“四夷来朝”和中外友好往来的局面。郑和六十二岁那年（公元 1433 年）在完成第七次出访西洋任务后返回祖国的海洋途中病逝，按其遗嘱遗体海葬，只把他的一双鞋和一撮头发葬于郑和下西洋始发地南京城外牛首山的坟墓（有学者著书讲到郑和时，说他六十四岁时病逝于北京自己家中。待考）。从此以后，这位享誉世界的伟大航海家，中国人郑和被南洋群岛及东南亚各国华人视为保护神，修“三宝公庙”，每年祭拜至今。改革开放之初，邓小平曾反复讲过郑和七下西洋的历史，可见我党改革开放政策的制定，与吸取历史经验是有关的。

二、再者，出于备边加强国防的考虑，明成祖还做了两件事，有重大历史意义：

一是他决定从公元 1406 年开始营建他认为是自己起兵靖难获得成功的“龙兴之地”北京，公元 1420 年，他以天子备边为由，即为了加

郑和下西洋

强北方的军事防御力量，宣布北京为京城，次年，把国都从南京（已作了明朝五十二年国都）迁到北京（他即位后第一年即公元1403年改北平名为北京）。从此，北京在作金、元两朝都城之后，作为国家政治、经济、文化中心的地位进一步得到加强，在明朝以后又成为清朝和现今中华人民共和国的首都。

二是为坚固北方边防，重新修筑已经失修和废弃了很多年的古代秦朝长城，使之成为一条横亘在中国北方绵延数千里至今仍然雄伟巍峨的“万里长城”。这座长城现在已成为古代中国文明的象征，是世界著名文化遗产奇迹之一。

三、明成祖在位期间即永乐年间的前、中期社会生产发展很快，政府税粮收入大量增加，府县仓库积粮“陈陈相因”，全国出现了“宇内富庶，赋入盈羡”的局面，史称“永乐之治”。

四、明成祖出于政治需要，其品德和性格常表现出明显的两重性。一方面，在有的人事上，他表现得心胸狭窄且下手极为无情和狠毒，到了真可谓灭绝人性的程度，如前述“灭十族”“瓜蔓抄”等。再如他为防后患，把建文帝刚出生的一个儿子关押至他自己死时也不释放，结果这个无辜的皇侄孙在囚禁中生活了五十五年，成了一个痴呆人。另一方面，他在有的人事上又显得气量恢宏，特别大度能容人。如他下令烧毁建文帝时群臣为削藩和反“靖难”所上的谋策奏章，使归顺他的大臣们消除了后顾之忧。

明成祖还出于政治需要，晚年继其父设锦衣卫后又设由宦官主持的东厂以加强防范臣民的特务活动。此后不久，明朝开始出现宦官把持朝政的局面。

因朝廷“出师连年”又“土木屡作”，使国家资财“耗散巨万”，人民赋役负担加重而受“冻馁之苦”，到永乐末年，一些地方出现大批流民、成伙强盗和山东唐赛儿起义。

明成祖在他六十四岁即他生命的最后一年，还第五次亲征漠北，没有找到蒙古军队主力，只得返回。途中，病逝。

五、翻阅史书，感觉到不少封建儒家文人、史家往往抓住朱棣所谓“离经叛道”篡夺自家人帝位和对大儒、名儒方孝孺“灭十族”以及搞“瓜蔓抄”这三点不放，对他多有非难，以至对他的治国功绩一般都采取少提或一笔带过或甚至不提的态度。

笔者认为：在实力最强者为帝王的中国古代社会，帝王曾以什么方式和手段使自己君临天下是次要的，这都是当时的历史条件和时势使然（如隋文帝杨坚、宋太祖赵匡胤等）。唐太宗李世民不也是发动兵变从亲兄长手中夺取皇位继承权的吗？他在“玄武门之变”那天，不也同意部属把其兄建成和其弟元吉两家各五个已封王的儿子都杀光了吗？再说，难道非要按宗法世袭制继位的帝王才有资格被人书写其功吗？所以，评价一个帝王，最主要的是应该看他运用帝王权力从事治国实践的效果怎样。

明成祖朱棣在封建君主专制条件下运用帝王权力杀害敌对营垒中的顽固派也不足为奇，但其让人身心痛苦的杀人方法惨无人道，实应被千夫所指。这大概是近代著名学者胡适和伟大的文学家鲁迅分别骂他是“流氓”和“坐寇”的原因之一吧。在这一点上怎么骂他都不为过，问题是对他的治国效果不能不看。

明成祖治国的认识及其作为所产生的积极效果有目共睹，谁也不能否认，更不能将它抹杀。因此，朱棣不仅在明史上有重要地位和影响，也不失为我国古代社会一位足智多谋、敢作敢为、武功文治两方面都很突出、使国家在其执掌皇权的前中期出现十几年强盛治世的杰出帝王。

从明成祖朱棣一生所作所为看，他是我国古代社会一位典型的“担当生前事，何计身后评”的帝王。也许他当年登上帝位后按他的思维逻辑就曾这样想过：

我是不具有皇位正统宗法继承权，是反叛了自家的朝廷，是凭自己掌握的强大军事实力坐上皇位的。既然我已成为自家皇朝的一代新主，对死心塌地的逆我者就只能给一个“亡”字，且一点人道也不能讲。被“灭十族”和“瓜蔓抄”的政敌临死前在大庭广众之下骂我“贼臣逆子”“大逆不道”是没有错，这虽然表现了对我皇父和皇侄的忠诚，但伤害了我作为国君的尊严，同样是应该受到惩罚的“大逆不道”“犯上作乱”。至于治国，我是一登上帝位就违背父皇当年“一片木板都不准出海”的圣旨，公开宣布了与之恰好相反的政策——“自今外国人来中国贸易者，悉听自便”等等。我以上种种作为，对耶？错耶？千秋功罪，让后人去评说吧！

六、明成祖朱棣死后，其长子仁宗朱高炽和长孙宣宗朱瞻基两代皇帝执政治国共十一年，因改明初以来施政严猛的一面而实行宽松的息兵养民政策，继续重视吏治，使全国出现了明史上少有的清明局面。社会经济尤其是手工业和商业有较大发展，社会也比较安宁，保持和发展了继洪武、永乐之后的繁荣和稳定，史称“仁宣致治”（史家认为仁、宣二帝以宽松政策治国对明朝以后的守成长治、延续国祚具有重要意义，所以把“仁宣之治”称为“仁宣致治”）。

第四节　年轻有为的中兴之主明孝宗

反对“劝诫少而颂美多”的国君。

明孝宗挽明朝政权于既倒。

明宣宗以后，到英宗、代宗、宪宗，明朝开始衰落。其间发生“土木之变”（蒙军南侵，英宗拒听兵部侍郎于谦劝阻而亲征，在土木堡兵败被俘）几近败亡。到第九任帝孝宗继位，才有振作的气象。

孝宗朱祐樘十七岁继承皇统，他是明朝建立一百一十九年后出现的一位颇有治国才干的青年皇帝。

孝宗于公元 1487 年登上帝位第五天，就对盘根错节的腐败官僚势力发起了暴风骤雨般的攻击，惩处了当时权倾朝野、大肆贪污受贿、满朝文武敢怒不敢言的礼部左侍郎李孜省和依附他的一大批党羽。接着，针对朝廷人满为患、效率低下、人心涣散的朝风，他大刀阔斧地查处了勋戚幸臣侵扰百姓的为非作歹行为，裁抑宦官、精简政府冗员五百多人。张皇后的两个弟弟以国舅身份恣意妄为，民愤很大，孝宗首先把他俩惩处，使朝风大为好转。同时，他下令要求官员直言不讳地多讲明朝衰落的原因，反对“劝诫少而颂美多、讲吉不讲凶、讲治不讲乱、讲得不讲失、讲存不讲亡”[①]的官场恶习。他虚心纳谏，坚决实行“召敢言之臣，求方正之士”的用人方针，很快就涌现出大批贤臣，出现了“众正盈朝”的局面。史载“孝宗朝，君臣鱼水，千古美谈”。

---

① 张国：《中国治国思想史》，新华出版社 2002 年版。

另外，孝宗关注民生，常打听百姓生活情况，关心民间疾苦，他下令停纳粟例，实行与民休息政策。鉴于黄河三年内有两年决口为患，他命刘大夏（浙江左布政使）治理黄河，使黄河水患得到一次根本性的治理。（刘大夏非常正直清廉且很能干，因治水有功，甚为孝宗倚重，被提升为兵部尚书。他在孝宗后期治国中，为“弘治中兴”起了主要作用）再者，明孝宗提倡节俭，“却奇珍，放鹰犬”，带头过简朴生活。并且，最难得的是他身为封建国君，除皇后外，坚持不册立妃嫔。

由于孝宗用贤去佞、勤政爱民、“图新理政”，明朝出现了中期近二十年的太平治世，“民康物阜”，社会相对安定，史称“弘治中兴”。

在此，笔者小议如下：这说明帝王治国，只要立足民生民意现实，用人得当，敢于惩治既得利益腐败势力、坚持顾及和维护人民利益的政策，就可挽政权于既倒，使社会重新出现太平治世。

可惜，明孝宗和北周第三任皇帝周武帝一样，也是三十五岁英年早逝。这两位在时间上相隔九百三十六年的青年国君，都在各自皇朝的中期大有作为，且治国举措也基本相同。他们都是十七岁继位，都只在位执政十八年，都为他们各自的皇朝做出了突出的贡献。有所不同的是明孝宗执政的后几年，过分囿于祖制，不能按时代要求继续前进，致使中兴局面在他死后很快消失。

第五节 一手扼杀张居正领导的“救世兴革”的明神宗

兴起于农民起义中的明皇朝被农民起义推翻而亡。

明朝中叶出现资本主义生产关系萌芽。

一、“弘治中兴”结束后的十几年里，是昏君明武宗朱厚照（孝宗长子）执政，明皇朝再度衰落，进入政治黑暗时代；武宗只喜整天纵欲嬉游，荒淫无度，朝廷奏章都由大宦官、大贪官刘瑾代为批答。此时，政府机构臃肿、官员冗滥、纲纪废弛、官吏们相互笼络争相奔走趋承于权贵门下以谋求升迁和肥缺职位，“政以贿成”，政治越来越腐败，朝廷的许多法令、政策无法执行贯彻，多是一纸空文；国库空虚，各地常出现年财政收入不够支出的半数。一句话，封建专制制度造成的官场种种恶习及其带来的后果都极为突出和严重地表现了出来，而孝宗以后的明朝后期七个皇帝大多或暴虐或平庸或文盲，除第十二任皇帝明穆宗和已经无力回天的末代君主明思宗朱由检外，没有一个有什么可称道的治国作为。中国领土澳门岛就是在第十一任皇帝明世宗朱厚熜在位期间批准葡萄牙商队长期居住的。中国领土台湾就是在第十五任、十六任两个皇帝在位期间被荷兰殖民主义者侵占的。

二、明朝第十三任皇帝是明神宗朱翊钧。他六岁继位。为挽救朱氏天下，其母后要这个“少年天子”在继位当年即公元1572年任命学识渊博、时任东宫太子太保的张居正为内阁首辅（即皇帝顾问班子中有丞相权力的总负责人），辅佐他治理国家。张居正二十二岁考中进士，胸怀“苟利社稷，生死以之”之志。他从掌握朝廷大权当年起，凭杖首辅之职的权势和皇室的支持，就以雷厉风行的作风和铁腕手段排除各种阻力，强力开展了一场从上至下的重大改革。这场改革从整肃吏治入手，坚持以法治国和“唯才是用”，强调提高行政效率，在农业生产、水利建设、田赋制度、国家财政、军事边防等多方面都取得了显著成效，特别是在全国推行“一条鞭法”（把各种税赋和劳役合并为一，折合成银两征收），让人民得到了一些好处，更使明朝一时摆脱了困境，国中又出现了钱粮储积较多的兴旺景象。这场历时十年的“救世兴革”的改革是在当时官场极为腐败、政治极为黑暗的条件下进行的，能取得显著成效，张居正功不可没。可是，每日读书，“坐致太平之治”的明神宗亲政后却不满张居正显赫的声望和权势，他在既得利益保守势力支持下，抓住张居正为政的一些缺点和宣扬个人威风、大讲排场的错误对改革进行疯狂的反扑。张居正死后家产被抄查，曾支持改革的官员受到迫害。张居正为维护明朝朱氏家族统治的改革所取得的成果，很快就大多付之东流，化为乌有。这场著名的改革以彻底失败告终。曾被神宗表彰、赐爵的张居正也被他自己一手彻底否定（四十来年后，明熹宗为张居正恢复了名誉）。从此，明朝乱世日甚，江河日下，急速走向危亡。所以著名史学家黄仁宇说：“明之亡，实亡于神宗。”

明神宗这个先支持图强、后又自毁改革成果的昏君在额手称庆的朝廷保守势力的歌功颂德声中长时期深居宫中，纵情声色，竟然连续二十五年不上朝理政。他除淫乐之外的第二大爱好就是大肆搜敛金银珠玉，并耗国库八百余万两白银历时六年修建他死后的宫殿坟墓即北京定陵（现已对游人开放多年）。

在朱翊钧约一千年以前出生的隋朝亡国之君杨广，基本不住在宫殿里，只喜欢在连续十多年的巡游中享受快乐。明神宗这个昏君则从不走出宫殿，只喜欢成年累月连续二十多年在后宫中贪色淫乐。一个皇朝指望这样一类在正常人看来不可思议的国君治国，理所当然的只能使国家走向衰落、败亡。

和杨广在加强隋朝与日本、南洋各国的经济、文化联系方面值得书写一笔一样，朱翊钧在位期间，有一件援外的事也值得一书。公元1592年，日本武装侵占了朝鲜，希望明朝不要干涉，愿与之划分朝鲜而治。作为朝鲜宗主国的明朝政府按照明神宗支持主战派的旨意，反对日本的侵略行径，派大将李如松为东征都督率军渡过鸭绿江抗日援朝。历时七年，明军取得胜利，使朝鲜全国光复。这是中国军队第一次出兵援助朝鲜（后来在清朝时又一次出兵助朝抗日），付出了大量财力和无数官兵的生命而对朝鲜事先没有任何图报条件。

朱翊钧为进行援朝战争，曾三次加征全国税赋，并疯狂掠夺工商业，激起工商界人民多次进行反抗。他死后二十四年到第十六任帝明思宗朱由检即崇祯皇帝执政时，已历时二百七十六年的明皇朝，被闯王李自成领导的农民起义军推翻而亡。

三、尽管明朝中后期国势渐衰至亡，但社会经济仍按自有的规律发展。明朝中叶以后，中国大地上有些生产部门开始生长出资本主义生产关系的萌芽。那时，商品经济继北宋、南宋、元朝以来已有较大发展，商业都市增多，海外贸易发达。在沿海地区出现了规模较大、分工较细的手工工场。如苏州的丝织业工场，机户拥有织机、原料和机房，雇用机工进行生产，对机工“计日受值”，这是“机户出资，机工出力”的雇佣生产关系。这使明朝晚期以丝绸为主的对外贸易特别发达，和当时欧洲一些强国相比，明朝的对外贸易顺差超历史、超各国。近代以来的西方学者和中国史家都著书证明，当时世界白银的总产量有三分之一左右通过贸易涌入中国。其中美国学者弗兰克著书断

张居正

言，当时“经济全球化的东方”（指亚洲的中国）是世界经济的中心。可是，在封建专制极为强化的明皇朝统治下（成祖之后相继继位的仁宗和宣宗对成祖打开国门、走出国门的开放政策执行了一段时间后，转而“罢宝船弊政”，复行明太祖闭关自守的治国方针），比封建生产关系先进的新的生产关系即资本主义的生产关系在明代难以得到长足的发展，中国也因此不能保持世界经济中心的地位。中国社会也就像宋朝后期失去转入资本主义社会形态即转型的机会一样，再一次失去了转型的可能。

第九章　清代荣光

清——公元 1636 年至公元 1911 年，计 275 年

第一节　清太祖努尔哈赤和清太宗皇太极

清朝有作为皇帝较多的原因。

“以人才为本”是最为彻底和成熟的治国用人思想。

清太宗对凡是违反国家法令的人，虽至亲权贵不饶。

民本思想深刻的清太宗。

清朝是我国封建社会最后的一个皇朝。它由我国少数民族满族建立。清朝共历十一个皇帝（笔者从清太宗算起），和以前各封建皇朝比较，清朝有才干、有作为且勤政务实的皇帝较多。

一、清朝的前身，是以十三副盔甲起兵、一生拼杀疆场的女真族人爱新觉罗·努尔哈赤（庙号清太祖）于公元 1616 年（即明朝灭亡前

二十八年）在松花江以北广大地域建立的“大金国”（也称大金，后改称金国，史称“后金”）。努尔哈赤被称为“英明汗”（简称）。他志怀高远，武勇善战，有非凡的军事指挥才能。他创建军政合一的八旗制度和女真族文字（后经改进成现在的满文），重视发展关系民生的农、工、商经济，使后金国的社会制度由奴隶制向封建制转变，其政治、军事走向强大，并具有相当经济实力。

努尔哈赤共有十六个儿子。由于女真族社会没有嫡长子继承制度，他想顺利传位某一个儿子的想法因儿子们之间的权力斗争又没有如愿，于是，他设计了一个继他汗位的方案，即他辞世后先由他的八个封为贝勒（满语王意）任旗主的儿子“共治国政”，然后，选出一个能执行八王共同决议的贝勒为国君。在这个方案中，他提出了关于国家最高权位继承问题的一个重要思想。他说：“继我之后嗣登大位为君的，不要选择那种恃强恃力的人，因为这种人往往依恃暴力行事，必得罪于上天。……应选择既有才能又善于接受劝谏意见的人继承我的汗位。”[①]

清太祖这一关于“应选既有才能又善于接受劝谏意见的人”嗣登大位的治国认识，是对中国封建社会“传长不传贤”的宗法继承制度的重大突破，对他以后的清皇朝具有重大的政治意义。其后世儿孙遵循这一重要思想（清朝所历各代皇帝只有同治帝是长子），应是清朝有作为皇帝较多因而国祚也较长的一个重要原因。

二、努尔哈赤的第八个儿子、力大无穷、能征惯战、“才德冠世”的爱新觉罗·皇太极（公元 1592 年— 1643 年）攻占辽河流域，统一我国东北地区后，在公元 1626 年秋，他被其诸兄弟贝勒和众大臣推举

① 《清太祖武皇帝实录》卷四。

努尔哈赤

继承了汗位。尊称“天聪汗”。登基典礼上，他率群臣举行了隆重的祭天仪式。十年后，即公元1636年他改国号为“大清”。从此他的称号也改“汗”为“帝”，称“宽温仁圣皇帝”（稍前改女真族名为“满洲”，辛亥革命后通称满族）。他是清军入关（山海关）以前的清朝开国皇帝，即清太宗（这时的清朝与明朝并存，属地方割据性质的政权）。据说，满族臣民后来得知汉族储君称皇太子，蒙古族称有继位权者为王台吉，都正好与皇太极的名字谐音，于是，一致认为，推举皇太极嗣登汗位是“天意已预定矣”。

上述努尔哈赤所言“上天”，清太宗“祭天”，臣民所谓“天意”，都表明天命观念贯穿中国奴隶制王朝和封建制皇朝的始终。

清太宗，小时常渔猎，善骑射，家虽富甲一方但没读多少书。他年少就能掌理家政，二十岁从军，在多年的征战中，热爱学习，肯想问题，很有政治、军事头脑。曾击败他父亲的明朝大将袁崇焕就是被他巧设反间计而遭崇祯皇帝冤杀的。清太宗三十四岁继承汗位，在位十七年，治国思想常闪烁出智慧的火花。举六点为例：

1. 视人才为治国之本。

他说：“朕惟图治，以人才为本，人臣以进贤为要……天下才全德备之人，实不易得，但能公忠任事者，其速行荐举。”①只以人才为治国根本，清太宗是所有封建帝王中第一人。尽管历代不少帝王治国都重视人才，都说过人才重要的话，像汉武帝尤其是唐太宗对人才问题的认识很突出，但数清太宗把人才的重要性提高到是治国的根本这一认识最为彻底和成熟。所以，他不论出身、资级，不拘一格选拔治国人才。比如，他发现一个满族贵族家的奴隶宁完我有才能，就立即提升他为参将，发现归降的明朝汉官范文程有学识，就命他为京官。这两个人的才能和学识因此而得到充分发挥，以致后来清太宗在处理许多重大政务时，都多征求、听取和采纳他们的意见。由于太宗选贤任能，他身边聚集了一大批治国人才，出现了“豪杰盈廷，英俊满目”的局面。

2. 不搞民族歧视。

努尔哈赤有严重的民族偏见，后金政权只能由女真贵族独掌。而且他实行“诛戮汉人，抚养满洲”的掳掠屠杀方针，严重损害了汉族人民的感情和利益，激起了广大汉族人民的反抗。在民族矛盾日趋激烈的现实面前，清太宗则强调“满汉之人，均属一体”②，在清政权所辖区域内实行满、汉、蒙三族共同联合执政的政策（以满族为主，并在礼节上享受汉蒙官员的尊敬）。中国历史上凡汉族建立的皇朝大多搞大汉族主义，凡少数民族建立的政权又多实行排斥汉族的政策，而清太宗处理民族问题比他的父亲大大进了一步。（前朝汉族唐玄宗和少数

① 《清太宗实录》卷二二。

② 《清太宗实录》卷一。

民族鲜卑族北魏孝文帝处理得比较好，处理得最好的要算汉族皇帝唐太宗。）

3. 注重以法治国，且执法不避亲贵。

努尔哈赤去世前对法制问题有了深刻的认识，立下遗嘱说："国当以赏示信，以罚示威。"① 又说："赏不计雠（仇），罚不避亲。"② 清太宗对这个遗训坚决执行，对凡是违反法令的人，虽至亲权贵不饶。他发现任职高层的不少皇亲国戚法制观念淡薄，就下了一道诏令："王以下，诸将以上，多违法妄行，命法司分别议罪。"③ 经刑部审定，对触犯法律的六十四个高级将领、大臣和亲王（其中有四分之一是太宗的儿子、弟弟、侄儿、女婿等），都按法律分别做了判死刑（二十四人）、撤职（十三人）、鞭刑（五人）、罚银（二十二人）的处置。在"一人当官，鸡犬升天"、为官就可保违法亲人不受追究即"一把伞遮一族人"的封建社会，清太宗严正执法，大义灭亲，是继隋文帝和明太祖之后的又一个典型国君。

4. 民本思想深刻。

清太宗认识到如果没有在下面的人民百姓，在上面的帝王将相也就没有统辖、役使的对象。他说："如无在下之人，则统辖者谁？役使者谁？"④ 这句看似简单易懂的话，不仅含有"民为邦本""国为民之本"的思想，还进一步揭示了一个道理，即：如果帝王将相所代表的统治阶级不重视人民百姓，自己也就将无法生存，因为统治阶级的存

---

① 《清太宗实录》卷四。

② 《清太宗实录》卷四。

③ 《清太宗实录》卷三六。

④ 《清太宗实录》卷六五。

在，就是以对被统治阶级的役使为先决条件的。清太宗的这一思想已孕育着人民创造历史的唯物史观萌芽。正因为他有这样的认识，所以，他在位期间，高度重视民生，常“以民生休戚为念”[①]。

5. 重视文化，重视知识和知识分子。

他说：“治国必以文教为佐助。”[②]又说：“自古国家文武并用，以武功戡乱，以文教佐太平。”[③]他规定：凡王臣子弟必须读书接受教育，否则，责罚其父母。又开科取士，大量翻译汉文书籍等。

6. 强调治国者必须勤政。

他说：“自古至今，懈于治国者，国必败；勤于治国者，国恒存。”[④]

清太宗一生文治武功方面有独到之处的思想和作为（其武功和与其治国认识相应的具体举措，从略），为他的后代子孙治国提供了理论依据和行为示范，是当时人口远远少于汉族人口的满族能入主中原大地、统一全国并坐稳天下长期保持政权的又一个重要原因。

三、这里，笔者就唐太宗和清太宗这两个封建国君的一些相似之处做个简述。虽然前者是汉族人在全国所建有几十个民族的大一统政权最高统治者，后者是少数民族满族人在明朝东北部和北方包括内蒙古在内的广大地域（国土总面积达三百万平方公里）所建只有十个左右民族的国家最高统治者，两人所处时代、环境差异很大，但两人在治国理政和人生际遇方面却有不少相似之处：

1. 都出身镇守地方、崇尚武勇的高官之家，都不是长子（前者是

① 《清太宗实录》卷三四。

② 《东华录》。

③ 《东华录》卷五。

④ 《东华录》卷三七。

老二，后者是老八）；

2. 儿时都是弓马少年，善骑马射箭（前者“少尚威武，不精学习”，后者善骑射，没读几本书）；

3. 长大后都身强力壮，臂力过人（前者射的箭，比一般人用的要大一倍，能一箭“射洞门阖”；后者用的弓，一般大力士拉不开，能一箭射死“两只黄羊”）；

4. 都在二十岁左右开始帮助父亲为建立一个新的国家政权而征战，都为父亲的成功发挥了重要作用，立下了汗马功劳（前者在唐朝建立后封为秦王，后者在后金国建立后封为和硕贝勒）；

5. 都不是按宗法继承制继位，都在父亲执政十来年后继登大位（李渊当皇帝八年，努尔哈赤当大汗十年）；

6. 都是封建皇朝创建之初的国君，都是在年轻力壮时继位执掌国家最高权力（前者二十七岁，后者三十四岁）；

7. 二人治国的认识都很深刻，都常闪烁智慧的光芒，尤其是二人的民本思想突出，都坚持“以人为本”的思想；

8. 都十分重视选拔德才兼备的治国人才（前者重用政敌营垒中归服的魏徵，后者重用敌国归降的范文程）；

9. 都重视知识和知识分子，都能正确对待不同意见（前者“纳谏如流”，后者鼓励“犯颜直谏”）；

10. 都高度重视民生、民意和发展经济；

11. 都能较好地处理民族问题（前者平等对待各民族“爱之如一”，后者坚持“满汉一体”）；

12. 二人治国都不是一般的守成，他们的治国作为都具有开创性意义；

13. 都在治国实践中喜欢读书学习，尤其都喜读历史，都到了手不释卷的程度；

14. 都智勇兼备、雄才大略，文治武功都很突出；

15. 史评二人一生的特点时，其中都用了“聪睿”一词；

16. 两人辞世后所葬陵墓都称昭陵。

而且，两人生的儿子数也都基本差不多（前者十四个，后者十一个），享寿年限也都基本相同（前者五十岁误服金石丹药而亡，后者五十一岁暴卒而亡）。历史对他们的结论，都是我国古代社会著名的明君，都是名垂青史的杰出帝王。一句话，这两位封建皇朝的最高统治者，何其相似乃尔！历史上再没有哪两个国君有他们二人这样多的相似之处。

清太宗比唐太宗晚出生九百九十三年，但从两人继位执掌全国最高权力的时间看，前者是公元 626 年金秋季节，后者是公元 1626 年金秋季节，整整相隔一千年。以上所述，前六条和后五条，不过是历史的一种巧合。中间五条则是凡杰出的古代帝王治国的基本共同点。把清太宗和唐太宗加以联想，还可以说明：在有连续几千年悠久文明的中国大地上，过去、现在和将来每个时代，都会产生各领风骚的杰出人物。

第二节　强调权力与为公之心结合的清世祖顺治皇帝

“国家设官，必公忠自矢”——继唐太宗之后强调权力与为公之心结合的治国认识。

一、清世祖爱新觉罗·福临（太宗第九子，生母是对当时清皇朝的稳定在幕后起了重要作用的孝庄皇后），五岁继位，由其叔父多尔衮为主辅政。次年即公元1644年，清军在明朝辽东总兵吴三桂所率边防大军的带引和配合下入关击败刚建立大顺政权的李自成农民起义军，随即清朝把首都从沈阳迁到北京。此时快满六岁的福临成为多民族大一统清朝的第一位皇帝，即顺治皇帝。（顺治，是年号。清朝从福临起以后每个皇帝在位期间都从继位次年起基本只用一个各自选定的代表性年号，所以人们通常习惯用年号名来称呼清朝皇帝。）

清朝廷为满足满洲贵族对土地的贪欲，入关当年，摄政王多尔衮就颁布圈地令，实行对关内农民公开掠夺的政策。圈地，就是满洲贵族凭借武力强行圈占农民土地。此令致使整村整庄的汉族人民丧失土地和房屋，流离失所，逃亡他乡。同时，多尔衮又下令全国男性要仿满族男性剃发蓄辫，口号是“留发不留头，留头不留发”（此令对在中原立足未稳的清廷不利，曾一度停止执行，以后又继续执行）。这是满洲权贵意在显示本民族统治力量强大、有辱汉族和其他民族文化的一项极为野蛮的政策，遭到了各族特别是汉族人民极为强烈的反抗，汉族人民也因此遭到了入关清军极为残酷的屠杀。虽然这项野蛮政策凭借军事武力施行了，但也使满族统治者看清了汉族文化不能被其他文化同化的深厚根基和巨大力量。因此，清政府很快就转变对汉族文化的态度，开始另眼看待和重新认识。比如，福临亲政后，为加强法制，就大量吸纳汉族文化，颁布了《大清律》。这部法律集中国历代法律之大成，对维护清朝统治者的利益起了重要作用。同时，清政府仿北宋在地方上实行保甲法（北宋王安石变法首创）以加强对各族人民的管理，防止反抗。

二、多尔衮死后，福临年少亲政，他“坐殿指挥诸将，旁若无人”（见《李朝实录》）。随着年龄增大，这个认为“明太祖立法可垂永久，历代之君皆不及”[①] 的青年皇帝刻意求治，很有作为。

1. 他不顾一些满族权贵的反对，继清太宗主要在省级以下仍兼用汉族官吏，并重视和提倡汉族文化。

2. 他借鉴明初重视吏治的经验，对新生政权要首先狠抓惩贪倡廉以安定民心的认识很高。

他说：“贪官不治，民生不安。”[②] 又说：“治国安民，首在严惩贪官。”[③] 他亲政后不久下过一道教谕（即诏令）说：“国家纲纪，首重廉吏……国家设官，必公忠自矢……”[④] 意即国家的治理，最重要的是有清廉的官吏。国家设置的官吏，一定要自誓（内心里发誓）一心为公，忠于职守。

顺治帝福临要求国家官吏“公忠自矢”和唐太宗选贤要求“无私为本”意思基本相同，说明他也认识到权力与公心结合对于治国的极端重要性。（这道教谕是他亲政后次年即公元 1651 年颁发的，这年他才十三岁，估计此谕多半是其内阁某清廉大臣参考清太宗要求各地官

---

① 《清史稿·世祖本纪》。

② 《清世祖实录》卷五五。

③ 《清世祖实录》卷五四。

④ 《清史稿·世祖本纪》。

员速荐“能公忠任事者”的诏令所拟写。)

3. 顺治帝倡导“化民以德，齐民以礼，不得已而用刑”，惩治贪官，整肃纲纪，永禁宦官干政，抑制和停止圈地，关注民生，重视农业，鼓励垦荒，实行轻徭薄赋，灾年减租赈济，还带头崇儒尊孔，举行了祭孔仪式，并继元成宗之后再一次给孔子上尊号，称他为“大成至圣文宣先师”。他崇儒最为突出的一点是极力倡导和宣扬儒学的忠孝节义思想。如在宋元明三代先后追封“三国”时的关羽为王、为帝的基础上，顺治帝又进一步封关羽为“忠义神武关圣大帝”，并多次下诏各地要表彰“忠孝节烈”之人(以后他的儿孙们如康熙、雍正、乾隆等皇帝都极力尊崇儒家思想)。

顺治帝以上治国认识和以获取民心为出发点的所作所为，为清朝入关后仅十几年就走向昌盛起了初始性奠基作用。(这一奠基作用中，一代枭雄多尔衮可谓劳苦功高。因此，其爵位由“叔父摄政王”升为“皇叔父摄政王”再升为“皇父摄政王”。死后国葬，追尊为皇帝，庙号清成宗。他死后两个月，由于清朝地主统治阶级原满洲八旗内部派系斗争的原因，刚开始亲政的少年顺治帝以多尔衮生前政敌对他犯“大逆”罪的指控为由，撤销其封爵并毁其墓葬，彻底否定了他的功绩。一百二十多年后，乾隆帝才为多尔衮平反。)

顺治帝亲政的时间不长，仅十年，二十三岁时就病逝了。

第三节 高度重视民生的清圣祖康熙皇帝

“切念民生艰难，必加意抚绥”——他高度重视民生。

“政治所先，在崇文教”——他高度重视汉族儒学和自然科学。

他整肃吏治一是树清官从正面引导，二是惩贪官在细处从严。

清朝有作为的皇帝中最突出的是清圣祖爱新觉罗·玄烨（顺治帝福临第三子，公元1654年—1722年）。因患天花脸上有少许小麻点、从小就尚武好胜的他，就是历史上大名鼎鼎的盖世雄主清圣祖康熙皇帝。

一、玄烨，是我国封建社会最后一位“雄才大略，文武兼备”的大一统国家帝王。就“文”而言，他学贯中西，汉武帝、唐太宗和宋太宗虽都有相当文化素质，但都不及他；就统治权谋智略而言，他比汉武帝、隋文帝、唐太宗、元世祖、明太祖等人更为熟巧和老到。所以，他是一个有突出治国本领的帝王。

玄烨一生创下许多彪炳青史的业绩，治国方面颇有建树。他在公元1661年正月被父皇临终时得其祖母孝庄皇太后支持而立为嗣君（因为其兄弟中只他对天花病有了免疫力）。顺治帝死，未满七岁的玄烨继位，十三岁开始亲政，到他六十八岁时病逝，君临天下长达六十一年，为他以前历代帝王之最。清朝从他执政中期起，经雍正帝到乾隆帝在位的前半期，他们祖孙三代相继治国共一百三十五年中有约一百来年人民生活相对安定，国家繁荣昌盛，史称“康乾之治”。这是我国古代社会末期在世界上最为风光红火的一段时间。在唐朝“贞观之治”和“开元之治”约一千年之后出现的我国古代社会结束前夕这段全国性大治盛世，被今人誉为落日的辉煌。而康熙帝和其子雍正帝在这段辉煌时间里的所作所为则显得最为耀眼。

二、康熙皇帝为国家建立的功勋很多，也很大，史家已有定论。为衬托他的治国认识及其举措，这里选列他的一些主要功绩：

1. 在加强皇权和维护国家统一上，智擒当时的辅政大臣鳌拜（此人有赫赫战功，曾被顺治帝重用，辅佐康熙帝六年也有巨功，但其间专权、横暴，被年少的康熙帝设计果断拘禁治罪。雍正帝继位后肯定其功大于过，给其平反）；削平“三藩”（指清政府封的三个汉族藩王即吴三桂、耿精忠和尚可喜）；平定噶尔丹叛乱，收复西南、西北、中西部的西藏、新疆、青海广大地区；以武力收复台湾，在台湾设置一府、三县划归福建省管辖，维护了台海两岸多民族国家的统一。当公元 1683 年中秋节那天康熙帝得到名将施琅率军收复台湾的捷报后，欣喜非常地写下了《中秋日闻海上捷音》诗一首：

万里扶桑早挂弓，水犀军指岛门空。

来庭岂为修文德，柔远初非黩武功。

牙帐受降秋色外，羽林奏捷明月中。

海隅久念苍生困，耕凿从今九壤同。

此诗充分表达了清朝在大陆统一约四十年后收复台湾实现祖

康熙皇帝

国大一统的目的和意义。

关于台湾和大陆的关系以及台湾自古就是中国领土的历史，这里不妨还简述如下：东汉时台湾就与大陆有频繁的经济联系，三国时期吴帝孙权派将军卫温和诸葛直率将士一万多人出征到达台湾，隋朝时炀帝派兵万人和两次派官到达台湾，唐朝时划归岭南节度使管辖，元朝设巡检司专管台湾澎湖诸岛事务，明朝设巡检司管辖台湾二百五十六年后，荷兰殖民者于公元1624年派兵占领台湾，清初郑成功收复台湾。郑成功死后，其子郑经企图把台湾从大陆分裂出去，另立一国，康熙帝毅然派兵以武力为后盾的和平方式收复台湾。两百年后即公元1885年，清政府将台湾由福建省的一个道升格为省，正式定名为台湾省，任命刘铭传为台湾省第一任行政长官，当时叫巡抚，清朝治理台湾共二百一十二年。

康熙帝在位期间，中国疆域扩展了四百多万平方公里，国家版图超过了历代王朝和皇朝（不包括成吉思汗所建的大蒙古国）。

2. 在捍卫国家主权和维护领土完整上，他亲自指挥抗击沙俄侵略，促成中俄签订《尼布楚条约》，确定了中俄东段边界，捍卫了国家主权和领土完整。

3. 在外务关系上，他坚决打击和驱逐披着传教士外衣的殖民主义者，断然下令禁止基督教在中国传播。

4. 在经济政策上，他下令禁止满洲贵族圈占土地，并永行停止圈占民间房产，当年（指入关初）已圈占的一律还给民间；继续执行鳌拜辅政期间的“更名田”政策，宣布承认明末起义农民所占领的明朝藩王的田产；他“重农贵粟”、鼓励垦荒，并给穷苦农民提供垦荒的资金、耕牛和种子，使大为扩展了的中国版图上可耕地面积继朱元璋在位时大增后再一次大幅度增加；以各种理由蠲免全国各地农民的赋税，常“一年蠲及数省”，或“一省连蠲数年”，或全国全年蠲免，或农民的历年旧欠也予以蠲免。并视蠲免为“古今第一仁政”（其父顺治帝曾实行过“蠲免”政策）。这一点，中国封建社会历史上除汉文帝外，任何一个帝王都不及他；他还“利商便民”“恤商裕民”“不亏行户”，保护工商、开放对外贸易即“开洋贸易”；他重视治理黄河和淮河等重要河流，既减少了水灾又便利了水运交通。等等。上述经济举措，使清朝经济实力增强，国库存银达到五千余万两。

5. 在文化事业上，他命人经过三十多年测量，绘制了我国第一张全国地图《皇舆全览图》，还命人编写了汉字巨型字典《康熙字典》和《全唐诗》《明史》《古今图书集成》等不少影响深远的书籍。

另外，他开始认识到治国中的人口问题不容忽视。康熙四十八年（公元 1709 年），他在一道谕旨中说：“本朝自统一区宇以来……百姓俱享太平，生育日以繁庶，户口虽增而田土并无所增，分一人之产供数家之用，其谋生焉能给足？”[①] 几年后，他又说：“今人民蕃庶，食众田寡，山巅尽行耕种，朕常以为忧也。”[②] 可以说，康熙帝是中国封建社会提出人口问题的第一个皇帝。

三、清圣祖玄烨是在继唐太宗李世民之后，重视吸取前人治国经验教训，结合他所处时代国内外的实际情况执政治国的又一个典范。而且有他治国方面的高招和新招。

高招举四例：

1. 鉴于清朝是以占人口少数的满族统治占人口绝大多数的汉族，

---

① 《清圣祖实录》卷二四〇。

② 《康熙起居注》第三册。

他除实行中央高度集权外，特别重视在意识形态领域加强思想统治。他说：“政治所先，在崇文教。”[①] 又说：“朕维至治之世……以教化为先。”[②] 所以他大力宣扬汉族文化，崇儒尊孔，提倡宋朝以来兴起的儒家理学。他平定“三藩”后不久，就亲自到山东曲阜举行隆重的祭孔典礼，并题写“万世师表”匾额赠孔府。

2. 改变清军入关后初期实行的“首崇满洲”的民族统治政策，忠实地实践清太宗关于“满汉一体”的重要思想，对汉族官吏大胆使用。当时各省督抚（督，指总督，是管辖两至三省的军事首长；抚，指巡抚，是地方省级行政首长，明朝宣宗时始设），汉人约占百分之三十（顺治帝时，各省督抚几乎全由满人贵族担任），府、州、县三级行政长官多是汉人（元朝蒙古族统治者想都不敢这样想）。

3. 下令地方官员对明朝皇陵、王墓一律予以保护，并亲临金陵（今南京市）谒拜明太祖陵墓。还题写“治隆唐宋”四字，褒扬其功。此举在广大汉族官民中产生了征服人心的巨大影响，被汉族官员们誉为“古今未有之盛举”。作为取代前朝的一个新皇朝的皇帝，以如此优容博大的胸怀对待前朝所有皇帝和亲王的陵墓，历史上的确仅有此例（隋文帝曾下令只保护所灭陈朝三个皇帝的陵墓）。

4. 他尊重、关心汉族退休和免职老臣以及地方上的汉族布衣士人。他先后三次召见或亲临告老还乡的老臣和因得罪皇上及其重臣而免职回家的臣僚住处，与之谈话和赐赠财物、诗联等。同时还召见地方上有学识的知识分子，与之切磋学问。

新招举三例：

---

① 《清圣祖实录》卷一九三。

② 《康熙实录》卷三四。

1. 为了更广泛吸收各民族特别是汉族知识分子参政，他按自己“致治之道，首重人才”[①]的指导思想，在科举取士的同时，又首开博学鸿词科，为因各种原因没有参加科举考试和科考落榜的人员中有真才实学的知识分子打开了另一扇仕进之门。

笔者认为，女皇武则天亲自主持科举考试，宋太祖在科举考试后通过殿试复考补取，康熙帝开博学鸿词科，他们如此不断发展完善科举制，都说明封建地主阶级想通过隋文帝首创的科举制度从民间搜选到从政治国的人才，以维持本阶级的统治地位。对治国人才的选取，西方国家由其历史文明所决定，多通过成年公民投票竞选，中国古代也因自己的历史文明所决定，主要通过科举考试竞选（汉时举荐孝廉，魏晋时九品中正制），这又说明不论东方、西方，世界各国都认识到人才对于治国的重要性。

2. 清朝政府从入关到康熙帝亲政，经过在全国二十多年的执政统治，官吏队伍中已形成贿赂腐败之风，开始危及清朝政权。《清圣祖实录》一书中记载：当时“地方官吏谄媚上官，苛派百姓”，以至“大臣长吏之家日益富饶”“民生困苦已极”。在这种情况下，他对大臣们说：“民生之安危，由于吏治清浊；吏治之清浊，全在督抚之表率。若督抚清正，实心爱民，则下吏孰敢不洁己秉公？”[②]康熙帝诏令全国：“凡别项人犯，尚可宽恕，贪官之罪，断不可宽。”[③]在这一整肃吏治指导思想下，全国所有贪官，不分大小，一经发现，便“从重治罪不贷”[④]。

---

① 《康熙实录》卷三四。

② 《康熙实录》卷一四。

③ 《康熙政要·论贪鄙》。

④ 《康熙实录》卷三十。

在惩治贪污腐败的办法上，他的新招：一是惩贪官在细处从严。比如，从中央到地方的各级官员，相互因事营求或派家人问候来往，只要有馈赠贿赂行为，行贿者和受贿者“俱革职”。官员本人不知其事者降二级，对经办贿赂的两家家人“俱正法”。二是树清官从正面引导。他在严惩贪官污吏的同时，大力扶植、表彰、提拔、重用清官。历代有作为的帝王除隋文帝外，往往在清廉官员生前对其扶廉、彰廉重视不够。康熙皇帝对廉洁清正而又能干有为的官员特有感情，特别重视。他把不少“居官清廉”的县令提拔为省级督抚高官。当时著名的清官如陆陇其、汤斌、张伯行、于成龙等，都受到过他的扶持和表彰。于成龙死后，康熙皇帝赐其“天下廉吏第一”的美誉。康熙皇帝奖廉惩贪这一招，使吏治状况大为好转，全国涌现出了许多著名清官。康熙帝整肃吏治的作为，实践了他自己关于“治天下以惩贪奖廉为要”的治国认识。

康熙帝治国大力倡廉奖廉，但对他给予奖赐的某些廉而少能的官员却怀有不满甚至鄙薄的心态。比如他对被自己称为“天下清官第一”的张伯行就多次对近臣说过张“操守虽清，却为人糊涂，无办事之才”、张“纵不爱钱，于地方何益？”之类的话。仅此一例，足见康熙帝治术之精。[①]

3. 他在位期间，先后六次南巡，主要只为一件事即治河工程，这也是有别于从周穆王开始历代凡搞过巡游的帝王出巡的动机的。明末清初，黄河、淮河、运河、永定河因年久失修，有的严重影响水利交通，有的频繁造成洪涝灾害。他下令修治这些河流，关于黄河的治理，

---

① 中央政策研究室哲学历史研究局：《史论十三篇》，红旗出版社 2002 年版，第 147 页。

他说："黄河溃决，关系运道民生。"① 所以他常亲临各地治河工地，有时还亲自参加勘察测量、研究制定治河方案。他对这个关系到千百万人民生命财产安全的重大民生问题的认真和负责态度，超过历史上任何一个重视水利的帝王，他这种深入踏实的理政作风，为清朝统治者在全国人民心目中树立了一种亲民务实的良好形象，也印证了他所说"爱民如子"和"切念民生艰难，必加意抚绥"② 这两句话的真实性。康熙皇帝六次巡视治河，其目的和作用，除有利民生外，当然主要是为了巩固满族统治者的国家政权。

四、康熙帝从小饱读诗书，精通儒学和兵法，是一个有科举进士水平的高级知识分子。他执政期间，随着西方先进科学技术知识的传入，他对自然科学的多门学科产生浓厚兴趣并虚心向外国驻京人员求教。他渊博的学识和在一些自然科学技术方面的造诣，历代任何一个帝王都不能和他相比（他写出了八九十篇自然科学方面的论著，还亲自培育出一个稻谷新品种即"御稻种"）。

五、康熙帝一生所为，"虽曰守成，实同开创"，其在位的前中期，治国有方，功勋卓著，群臣多次呈奏要为他上尊号（封建社会在皇帝生前或死后表彰其功德的方式，就是在皇帝称号前加歌功颂德、神化皇权的溢美之词。生前叫上尊号，死后叫追加尊号。追加的称号后来统称谥号），都被他拒绝。他认为这样做是取虚名，"为无谓之润色"③，意即是没有意义的润色修饰。明确表明他的态度"朕所不喜"。还有不少类似事例，都说明康熙帝是继唐太宗之后第二个不搞个人迷信的

① 《康熙圣训》卷三三。

② 《清圣祖御制文集·一集》。

③ 《清史稿·圣祖本纪》。

帝王。

六、康熙帝治国的主要失误之处是：

1. 晚年取消自己曾下过的开海令（开海令是指他下令在沿海省份开放了近百来个大中城市为通商口岸，允许对外贸易），又下禁海令，封锁海疆，限制和禁止中外贸易往来，这对中国明朝中叶以来慢慢生长的资本主义萌芽在客观上起了一种扼杀作用。

2. 他兴起清朝的文字狱，搞文化专制，为后继者雍正、乾隆两代皇帝大搞文字狱开了先河，迫害冤杀了不少不同政见的知识分子。

3. 晚年思想保守，认为办一件好事必然会产生一种弊端，因此采取多一事不如少一事的理政态度。这样，官吏的不法行为，就多被姑息迁就，从而导致已经较为清明的吏治又走向了腐败。清朝经济实力也随之下降，并且还出现了严重的财政亏空现象。

清圣祖爱新觉罗·玄烨，治国不尽人意，但他仍然是我国古代社会后期终生好学勤政、务实节俭、治国功绩超常卓著的一位皇帝。他六十八岁时因心脑血管病突发而仙逝，完结了他轰轰烈烈的一生。

第四节　勇于进行社会改革的杰出守成治国之君雍正皇帝

雍正帝继明朝朱元璋之后使农民地位第二次得到适当提高。

“令地方守土之官，俱行耕籍之礼”——第一个强调国家官吏要参加农耕劳动的皇帝。

第一个对官吏实行增加补贴银两以养廉的皇帝。

一、清世宗胤禛，在康熙帝诸多皇子十多年争夺储位即皇位继承权的斗争中获胜，于公元1722年四十四岁时按父皇遗诏继位（对于他是因改写父皇遗诏而继位的说法，现今史学界已予否认），在位期间所用年号叫雍正，他被称为雍正皇帝。他从小受过良好而又严格的教育，为人正直刚毅，由于他在康熙帝众多（三十五个）儿子中年岁偏长，排行老四，所以他父亲征战、南巡、处理政务等，都有他跟从和参与，这锻炼了他治国理政的能力。

二、胤禛继位时，改“后金”国号为“大清”的清朝已立国八十六年，入关成为全国大一统皇朝已七十八年。随着民生民意的变化和生产力的发展，朝政到其父晚年已表现出许多弊端。因此年富力强的胤禛凭他经历过朝廷夺储派系斗争而对官场内情的深刻了解，继位当月就要求有关部门搜列前代弊政以至几百年来各皇朝没有解决的积弊，提出把这些弊端扫除干净、刷新朝政使“政治一新”的建议，决心以兴利除弊、富国裕民为治国方针。他贯彻这一治国方针所形成的认识及其举措，相比历朝守成之主，他提供了不少新的东西，这可谓是其守成治国的一大亮点。现举例如下：

1. 反对因循守旧。

他认为其父康熙帝晚年主静的治国思想，造成了各级官吏因循苟且、办事拖沓、整天无所事事的恶劣风气，以致人心怠惰、百弊滋生，如任其发展，国家将局面难收。他运用手中皇权，给这种官场恶习以严厉打击。要求各部众卿“奉旨速议事件，定于五日内完结”[1]，而且不容官员上呈虚假不实和意思模棱两可的奏章。

---

① 《雍正实录》卷五。

2. 坚决整肃吏治。

他发现一些官吏贪赃剥民，口头上却冠冕堂皇，以假行仁政来掩盖。他说这些官吏既肥自家又图名声，是“沽己沽誉之巧宦”。[①]对于这种官吏搞“名实兼收”的鬼蜮伎俩，他十分痛恨。他继位后第一年元旦那天给从督抚到知县的各级地方文武官员下的诏书对此做了无情的揭露。他在位期间曾连续发布十一道谕旨整肃官吏队伍，使政风澄清，“一洗康熙末年宽大纵容之弊”。他执政期间，是整个清朝吏治状况最好的一个时期。同时，他重视人才，许多庸懦无能官员被罢斥，造就了一支振奋有为、开拓进取的官吏队伍。

雍正皇帝

3. 批判官员拉帮结派。

他对官员拉山头、结朋党予以严厉批判和打击。他说：“朋党最为恶习。”[②]指出朋党任用各自的帮派人物，相互攻击，扰乱君主视听，严重妨碍朝廷政令的统一执行，对国家危害很大，是一种严重的罪过，诛杀这些官员也不为过。为此，他特别撰写了《御制朋党论》诏告天下，惩处了一批搞朋党的亲贵权臣。

① 《雍正实录》卷四六。

② 《清世祖实录》卷六。

4. 改变千百年来各朝赋役分征的规定，实行“摊丁入亩”制度，即把丁银（人头税）摊到土地税中征收，使无田产的农民不负担丁银，减轻了无田产农民的负担。

5. 康熙帝晚年，清朝从中央到地方州县各级都出现了大量财政亏空。雍正帝下令限各级政府“三年之内务期如数补足”，否则从重治罪（后又宽限三年）。他先解决朝廷亏空问题，接着解决地方各级的亏空问题。发现有因官员贪污造成财政亏空的，不论原任、现任官员，一律逮捕审查。当年就逮捕省级高官多人，抄没其家产，并令其亲戚代为赔偿亏空。

6. 建立官吏参加劳动的“耕籍之礼”制度。

他说：“朕意欲令地方守土之官，俱行耕籍之礼，使知稼穑之艰难，悉农夫之辛苦。”① 这说明雍正帝已认识到国家官吏脱离人民、脱离实际的严重危害性。雍正帝要求地方官吏都参加农耕劳动，是他治国防止官吏腐化变质的一个英明之举。

7. 授予老农“顶戴”殊荣。

他下令每年农村各乡推选一两个务农敬业的长者，授以八品顶戴。这是继朱元璋之后又一次适当提高农民社会地位的治国举措，极大地调动了广大农民勤恳务农的积极性，有力地促进了农业生产的发展。（此举在实施过程中渐出现顶戴被乡村豪强无赖垄断的现象。其子弘历继位后，于乾隆元年废止这一政策）。

8. 实行养廉银制度。

清朝对国家官吏实行低俸禄制。经过几十年之后，官吏的俸禄越

① 《雍正实录》卷四七。

来越不足以维持他们的用费开支。到康熙帝晚年，不少官吏大肆贪污敛财。雍正帝则把耗羡归公银两（朝廷赋税以外的地方合法摊派收入，往往达正额税赋的三至四成）的大部分按品级职务大小发给官员，作为他们俸禄的补贴和办公费。这笔钱，叫养廉银。这笔钱的取名，反映了雍正帝的用心是官吏得了这笔比俸禄多许多倍的钱（依品级多十倍以上至数十倍），就应该廉洁奉公，不再贪赃剥民。他说："宁可以州县应出之额项，解之藩府，从公发给，而不可使其自相授受，废公议而徇私情，留礼仪交际之名，而长贪婪贿赂之弊也。倘再有私收规礼者，将该员置之重典，其该管之督抚，亦从重治罪。"[①]

9. 不准地方官吏为求升官晋级，不管民众疾苦，只求超额交税勒索百姓钱财。

10. 创设办理国家要务和军机大事的军机处，加强军国大事的保密性，加强君主集权。

11. 建立秘密立储制度，避免皇子们对皇位继承权的争夺。这是对中国封建社会自秦汉两千年来关于皇位立嫡立长制的重大突破，是有别于西周所创公开立储继位的宗法继承制度的一种新办法、新制度，这保证了清朝后世皇权的顺利承接。

12. 在西南地区大规模"改土归流"，即改革西南少数民族的土司制度。土，本土，司，管辖。我国西南地方各少数民族土司首领彼此独立为王，都实行世袭制，且常有征战发生。归流，就是回归历史上有过的郡县制，由朝廷委派可在全国流动的郡县长官（其前朝、前代部分地施行过"改土归流"），保证了西南边疆的稳定。

① 《雍正实录》卷七一。

13. 废除贱籍。在封建社会底层，历来存在从事所谓“贱业”的一类人。这类人在社会上人数不多，但被奴役、遭虐待、受歧视，各封建皇朝都是把他们编入贱籍，视为贱民的。雍正帝继位后，几次颁诏，废除了贱籍，使贱民“改业为良民”，对于主家豢养奴仆，宣布“永行严禁”。此举最后结束了奴隶社会的残余，进一步解放了社会生产力。

三、雍正帝以上刷新朝政的种种作为，虽然当时都说是治国平天下之举，但从其实质看，却是一场以革除弊政为目标的深刻的社会改革。这场改革，不像历史上有些朝代的改革那样，皇帝之下有某主要改革派人物出场，而是在具有刚毅率直性格和雷厉风行办事作风的雍正帝亲自领导下，以施政严猛为指导思想大刀阔斧进行的。这是这场改革虽遇到官吏队伍中既得利益集团和社会传统习惯势力的激烈反抗却能进行到底的一个重要原因。

雍正帝以革除弊政为主的治国作为，明显地改善了吏治状况，顺应了当时的民意，避免了因争夺皇储而产生的政治危机，促进了社会生产的发展，使国家经济实力日益增强（原从中央到地方的大量财政亏空变为国库存银六千余万两），为清朝在他死后走向鼎盛创建了一个过渡性的坚实基础（雍正帝其他类似前朝、前代的治国认识和作为不再叙及）。

四、清世宗雍正帝在位十三年，始终非常勤政务实，始终勇于改革进取，始终没有声色犬马之好（后、妃仅八人），有不少创新作为，治国政绩显著。可旧史对他的治国功绩少有肯定颂扬，只根据他的身材（高大）、长相（眼睛近视）和有谋略的举止给予他“天表魁伟，举止端凝”的评价。这主要是他的个性特点中有为人猜忌多疑，刻薄寡恩的不足之处，以至在打击曾与他争夺储位和皇位的诸兄弟时毫不手软，没有一点骨肉亲情。他屡兴文字狱，冤杀了一些汉族知识分子。在他执政十三年中，发生立案查办的文学狱就有二十多起，其中虽有文人书生谋划策反清朝统治的案件，但望文生义、牵强附会、捕风捉影的冤案不少。如翰林官徐骏在一份奏章里，把“陛下”误写成“狴下”，雍正帝立即将其革职。接着派人查出他的诗集里，有“清风不识字，何事乱翻书”的诗句，就断定“清风”是指清朝，不由分说，下令将徐骏杀害。后人对雍正帝的道德修养和治国政绩毁誉不一。有些史家因而对他毁多于誉，笔者认为，他跟明成祖一样，是一个治国很有谋略才干、功远大于过的杰出守成之君，对他应该誉多于毁才比较符合实际。他白天还在理政办公，晚上突然生病，几个小时后死去。跟赵匡胤一样，猝死原因至今没有定论。

第五节　乾隆皇帝提出“从来为政之道，损益随时”的治国重要思想

“从来为政之道，损益随时”——从历代封建帝王治国实践中得出的精辟总结。

以“老子天下第一”自居的帝王典型。

第一个提出解决人口与地力矛盾办法的皇帝。

一、清高宗乾隆皇帝爱新觉罗·弘历（雍正帝第四子）是清朝中期一个著名皇帝。公元1735年他二十四岁按皇父生前的建储密旨顺利继位，主天下沉浮达六十一年，还当了三年执掌国家实权的太上皇，是我国古代社会享受帝王尊荣时间最长且得寿又最高的一位皇帝。

清朝经太宗、顺治、康熙、雍正四代皇帝一百多年的治理，国家政权已经巩固，人民安居乐业，社会相对稳定，弘历接手的是一个太平江山。正因为如此，就使他在发挥才能守成治国的同时，也成为我国封建帝王中有较多闲情逸趣和风流韵事传闻的皇帝。

康熙帝晚年，吏治腐败，弊政不少，雍正帝治国，纠之以猛，却又出现惩处过重及其面过宽的问题，带来一些消极后果。于是乾隆帝就声言自己要“执两中用”，意即他要取皇祖、皇父两代施政之长，避其之短，用最适中的办法来治国，提出了“损益随时，宽猛互济”的治国指导思想。

“从来为政之道，损益随时……”[①] 是青年弘历继帝位之初所说的话。这句话在老子“因物为制”和汉武帝“非期不同，所急异务也”的治国思想基础上，更全面、更深刻、更明确地提出了一个重要的治国思想，是对历代封建帝王治国实践用哲学思维所做的一个最精辟的总结。这句话的意思是：为政治国要不拘泥于成法，只根据具体情况制定方针政策。这一重要治国思想的意义非同寻常，因为它和“对具体情况作具体分析”“实事求是”“从实际出发”等至理名言的意思是一致的。

二、乾隆帝在位期间，治国多效法其皇祖康熙帝，也重视民生、民意，也多次蠲免全国农民钱粮（五次），也尊孔崇儒，也重视人才（强调要选用“年力精壮，心地明白者”），也多次抗击外国侵略和平定叛乱以及扩展疆土（他自称有“十全武功”），也南巡六次（虽游乐成分较重，且极其豪奢，但有五次也视察河务，其间还时有微服私访

① 《乾隆实录》卷二三。

之举以体察民情和了解真实情况），理政作风也勤政务实（这方面实例较多，不一一列举）。总之，其文治武功紧步其祖父康熙帝后尘，也比较突出。因此，清朝在他执政的前半期二三十年里，农业、手工业、商业都得到全面发展，资本主义萌芽进一步成长，经济空前繁荣，国力空前的强大，达到鼎盛（当时国库存银常年保持在六七千万两之间，最多时达七千八百万两，相当于全国每年赋税总收入的两倍左右）。

三、乾隆帝治国的亮点举六例：

1. 宽免对官员的惩处。

乾隆皇帝

对其皇父雍正帝改革过程中受到过重处分的文武官员，他下令皆予宽免。朝廷各部院受到降级、革职等较重惩处的人，官复原职级后，补发惩处期间未发的全部俸禄，并为皇父所摧毁的政敌胤禩集团彻底平反。这一切，用现代的话说，就是对干部落实政策。此举使清朝统治阶级内部的关系得到了重新调整，较好地处理了皇室各派政治势力之间的矛盾。

2. 重视文化事业。

乾隆帝本人是个高级知识分子，他一生写的文章特别是诗词很多（五万多首，创历代诗人之最）。他说：“国家当文治修明之会（际），所有古今载籍，宜及时收罗大备，以享策府（增加馆藏）而裨艺林（有益于文化艺术事业）……”[①] 所以，他提倡研究汉学，鼓励著书立说（吴敬梓的《儒林外史》和曹雪芹的《红楼梦》以及郑板桥的诗词、书法、绘画、印章都在乾隆年间问世）。他倡导编写的书籍之巨（其中他亲自主持、纪晓岚具体负责编写的《四库全书》是我国古代思想文化遗产的最大一部丛书，共收录国内书籍达三千四百六十一种），涌现各类学者专家人数之多和当时呈现出的封建学术文化之盛，皆前所未有。

3. 视贪污为大逆不道行为。

他执政前期、中期，对贪官污吏十分痛恨。他把官吏的贪污行为提高到和大逆不道的造反行为相提并论的程度，说：“干犯法纪之人，莫如悖逆、贪污二者，法断无可纵。”[②] 在处理甘肃省发生的一件贪赃枉法案时，他赐总督自尽，有牵连的各级官吏被处死刑的达四十七人之多，还革职八十多人。

4. 提倡增产节约以缓解人口增长过快与生产发展跟不上的矛盾。

乾隆帝在位期间，全国人口猛增，增速超过历史上任何一个时代。康熙四十九年（公元1710年，康熙帝去世前十年）全国人口只有二千三百多万，到乾隆五十八年（公元1793年，乾隆帝去世前六年）八十三年间，人口增加了十五倍多，达到三亿零七百多万。人口骤增“实中国数千年来所未有”（晚清史家薛福成语）。面对这一人口激剧增加的形势，他说：“生之者寡，食之者众，势必益形拮据。各省督抚及有牧民之责者，务当劝谕化导，俾皆俭朴成风，服勤稼穑，惜物力而

① 《东华续录·乾隆》卷七九。

② 《清史稿·高宗本纪》。

尽地利，共享升平之福。”[①]

人口猛增到突破三亿，给社会带来巨大压力，人均可耕地面积减少，粮食产量在当时的生产技术条件下，又不可能大幅增加，因而粮价成几倍上涨，粮荒日益严重。一遇灾年，许多地方饥饿的农民就聚众哄抢富户粮食（当时叫“吃大户”），社会极不稳定。除了政治原因外，这也是酿成清朝中后期农民起义频繁不断、次数超历史、最后出现了大规模的白莲教起义和全国性的太平天国农民起义的原因之一。尽管乾隆帝已认识到人口增长问题的严重性，但在清朝封建专制统治下，日益腐败的清政府，是不可能解决这一重大民生问题的。

5. 处理外交事务，维护国家尊严和主权。

为保卫边界不受周边国家侵犯，他下令：“加意防范卡座，勿令私过。”[②]对外国使团来访，他规定接待原则是：“丰俭适中，不卑不亢。”[③]处理外事，要讲尊严平等前提下的互利友好，更要讲以国防实力为后盾的主权神圣不可侵犯。乾隆帝上述命令和原则是我国封建帝王治国处理国际交往关系，坚持自卫反击和礼待不媚最成熟的表现。

6. 他重视对皇室子孙和满洲贵族子弟进行溯源报本（即不忘前人艰苦创业、要给以报答）的教育，强调说：作为执掌国家各级政权的满族人的后代要“处尊位而常缅前劳”[④]。其目的是使大清江山“永保不坠”。唐太宗、宋太宗、明太祖对皇室后代都进行过要体察农民生活艰辛的教育，而乾隆帝上述的溯源报本教育思想，是针对满族整个地

① 《清高宗实录》卷五七六。

② 《乾隆实录》卷五四四。

③ 《乾隆实录》卷一四三四。

④ 《乾隆实录》卷五四四。

主统治阶级的后人而说的，相比具有发展和进步的意义。

以上第一、三、四、六这四点，是根据当时清朝的实际情况而提出的四个关键问题。乾隆帝“损益随时”地抓住了这四个关键，其认识和举措是正确的。因此，清朝在全国的统治得到了进一步的巩固和加强，也使国家的经济、文化、军事达到鼎盛。这是乾隆帝突出的守成治国之功。

四、乾隆帝治国的失误之处主要是：

1. 实行文化思想专制，对言论自由和学术自由限制过严。

他大搞文字狱，次数之多，受迫害人数之多，都超过其皇父、皇祖，也超过搞文字狱的明朝开国皇帝朱元璋。他在位期间，查禁了他认为不利于清朝统治的书籍达七万部以上。其中被销毁的书籍达三千种左右。这种文化思想专制的严重后果，是造成人民不敢议论朝政和时事，读书人不愿探讨与现实有关的理论问题，同时也促使官员丧失理性、道德和是非原则，只用迎合上意、俯首帖耳和谄媚恭维来保持官位和俸禄。

2. 他执政的中后期好大喜功，奢侈糜费，挥金如土。如他通过到全国巡游的方式，到处夸耀自己的功德和宣扬其皇威。他在位期间，巡游将近百次之多，耗资之巨，超过历代搞过巡游的帝王。

3. 推行闭关自守政策，严重阻碍国内资本主义萌芽的生长。比如，对已经兴盛起来的对外贸易，他认为汉人与海外交往联系日益增多对清朝的统治不利，下令限制在广州一地由“公所”（官办商所）进行（明朝中后期为防倭寇骚扰，也只准广州一处从事外贸通商）。

4. 晚年重用大贪官和珅，造成各级官吏贪污贿赂成风。

乾隆帝执政前期、中期严惩了一批省部级犯有贪污罪的高官重臣，并下令禁止上级长官接受下级官员的送礼。可他晚年带头追求奢侈豪华的生活享受，讲大国排场、摆皇帝阔气、大肆铺张浪费，又大兴土木，不惜民力、财力。作为执政多年、权威至上的一朝天子如此，很快影响整个社会由俭入奢，各级官吏都挥金如土、竞相奢靡。在这种大气候下，和珅以他高超的谄媚技巧，使晚年乾隆帝的虚荣心得到了极大的满足，以至乾隆帝把这个侍卫出身的满族花花公子一再提拔成了主宰朝廷大权的军机大臣和大学士（相当于丞相，清沿袭明朝不设丞相的制度）。和珅上台不久，为官从政的大小官吏就发现，如果不向他行贿，就有可能被排挤甚至被投入监狱。于是，为了保住乌纱和俸禄，一级对一级依次向上的贪污行贿之风在全国兴起，从上到下，几乎无官无吏不贪不贿，而贪贿案事发，立即官官相护，难以执法。后来，乾隆帝也不得不承认说："各省督抚中洁己自爱者不过十之二、三……"[①]而和珅则创下世界历史上利用手中权力贪污受贿的最高纪录：他在朝廷高位专权二十四年，中饱私囊的钱财相当清皇朝十年的财政总收入。（和珅是在乾隆帝死后被继位的嘉庆帝下令查处惩办的。其贪贿的巨量财富为清廷皇室所占有。所以，当时民间有"和珅跌倒，嘉庆吃饱"的谚语流传。）

乾隆帝晚年治国造成失误的主要原因，是他总以有两三亿多人口的大清帝国盛世皇帝自居，满足于周边大小藩属国的朝贡和颂扬，骄奢淫乐，自我陶醉，故步自封，因而他的思想离开了"损益随时"的正确轨道，对民生、民意的发展变化再也不关注了。他庆幸自己超过历代皇帝的高寿和在帝位的长久，并自夸"得国之正，扩土之广，臣

① 《清高宗实录》卷一四八四。

服之普，民庶之安”，无与伦比。可以说，晚年的乾隆帝是中国封建社会历代帝王中搞“老子天下第一”的典型。

其实，当时的清皇朝已经开始明显地落后于西方国家。举一个科技方面的小事为例：乾隆帝晚年在接待英国马甘尼率领的一百六十余人的使节团时，大笔一挥，批准给这个使团每天招待费银币五千两，借此以向英国显示大清帝国的富有。可当马甘尼从口袋里拿出火柴为负责接待的清廷赵大人点燃烟袋让他吸烟时，赵大人和清廷其他在场官员们，大为惊讶，竟认为马甘尼这个外国佬敢于把火藏在身上却无伤害是一种神秘的巫术。

五、乾隆帝执政后期，原本丰盈的国库已逐渐变为空虚无存，许多地方的人民生活困苦，以至民意开始恨清，人心思反，农民起义接连不断，安定太平了一百几十年的中国大地的造反烽烟四起。虽然在垂暮之年退位做了掌权型太上皇的乾隆帝对自己几十年治国中的过错有所省悟，说他多次巡游，劳民伤财，是“作无益害有益”之事，但清皇朝仍从此开始一步一步走向衰弱、破败和灭亡。

公元 1799 年，乾隆帝手指西南方向病逝（此前五年和三年，相继爆发了湘贵两省的苗族起义和川陕等省的白莲教大起义），终年八十八岁。

六、乾隆帝死后，由于当时整个官吏系统的腐败之势已变得不可阻截，致使相继继位的嘉庆和道光两任皇帝整顿吏治、倡导力行节约、查禁鸦片等治国作为都收效甚微，因而民生更为困苦，民意仍然以反求变不止。清朝经过嘉庆帝二十四年以镇压农民起义为主的国事活动，继位的道光帝执政三十年间发生钦差大臣林则徐赴广州烧毁鸦片、中英鸦片战争和与英国签订第一个不平等条约《中英南京条约》开始，逐渐沦为半殖民地半封建社会，就在对内继续扑压起义火焰、对外屡战屡败只得忍受东西方列强欺侮、不断签订丧权辱国的不平等条约中，度过它的风烛残年。

其间，慈禧太后又称“西太后”（满族，姓叶赫那拉氏，咸丰帝妃，因是同治帝的生母，故称皇太后。她貌美聪慧、好胜能干、权力欲望极强，又精于封建官场的权术谋略）“垂帘听政”“训政”，实际把持清朝最高权力四十七年。初期她整肃纲纪、引贤纳谏、注意发展经济，有心重振大清，采取了一些政策措施，使清朝一时稍显生机（被当时史界誉为“同治中兴”）。但当时清朝各种弊病已积重难返，国内人心思变求革，国外列强对清朝瓜分豆剖之势日猛。在这样内外交困的形势下，慈禧只从力保满族统治阶级的腐败政权出发，寻找治国对策。因此，她根本不看民生民意现实，利用曾国藩的湘军和李鸿章的淮军亲手扑灭了旧民主主义革命性质的以洪秀全为领袖的太平天国革命烈火，扼杀了以康有为为代表的民族资产阶级改良性质的戊戌变法运动和义和团运动。结果，她把持清朝最高权力期间，中国社会成了新世纪（二十世纪）到来之前最为黑暗的社会。这时的清朝政府，腐败透顶、无能已极，对于干涉清廷内政和侵犯清朝主权的东西方列强，慈禧太后由痛恨和宣战反抗转为害怕和妥协讨好。她说：“量中华之物力，结与国之欢心。”[①] 这就致使全国各地，到处可见受吸鸦片所害的“东亚病夫”，整个社会，万马齐喑，普通百姓的精神状态基本上都如同处在昏睡之中。

总之，清朝自嘉庆皇帝至慈禧太后，中国封建社会进入末世的衰

① 见1901年2月14日清廷上谕。

落败亡之症已明显地表现出来。整个官场从上到下，到处可见只知升官发财、作奸犯科、鱼肉人民、只重作揖磕头、巴结攀附、趋炎附势而从不关注民生民意的昏庸卑劣之徒，整个社会呈现一幅官匪勾结欺民、黑恶势力当道、“假作真时真亦假，无为有处有还无”、人民不敢议政说话的黑暗景象。所以，龚自珍和鲁迅先后发出了希望天公“不拘一格降人才”和期待“于无声处听惊雷”的呐喊。

七、尽管道光帝以后清朝还经历了咸丰、同治、光绪、宣统四个皇帝，但只有慈禧才是清朝统治者祸国殃民之首，她是清朝末年落后挨打、腐败亡国的总代表人物。这个后期也施行图强新政但终究给中华民族带来近代历史上深重灾难、所犯丧权辱国罪行罄竹难书、宫中人称“老佛爷”的满族女人，在清末守旧统治势力欢呼她维持了清朝天下的颂扬声中和朝廷每天祝她万寿无疆的祝福声中，于公元 1908 年举行她七十三岁生日庆典（此前正患腹泻）后十二天也即光绪帝病死的次日命归黄泉。

清皇朝从清太宗改国号为清起，共历十一帝，到公元 1911 年止，历时二百七十五年。

附录一：中国历史有关年代表（实年、实岁）

朝代			兴灭起止年	国祚	帝王数	开国帝王	即位年龄	在位治国起止年	在位年	享年
夏			约公元前21世纪—前17世纪	约五百年	17	姒禹			10	
商（殷）			约公元前17世纪—前11世纪	约六百年	31	子汤			13	
周	西周		公元前11世纪—前771	约三百年	12	姬发			2	
	东周	春秋时代	公元前770-前476	294	25	姬宜臼		公元前770—前720	50	
		战国时代	公元前475-前221	254						
秦			公元前221-前206	15	3	嬴政	38	公元前221—前210	11	49
西汉			公元前202-公元8	210	14	刘邦	54	公元前202—前195	7	61
新			公元8—23	15	1	王莽	53	公元8—23	15	68
东汉			25—220	195	14	刘秀	31	25—57	32	63
三国	魏		220—265	45	5	曹丕	33	220—226	6	39
	蜀		221—263	42	2	刘备	60	221—223	2	62
	吴		229—280	51	4	孙权	47	229—252	23	70
西晋			265—316	51	4	司马炎	29	265—290	25	54
东晋十六国	东晋		317—420	103	11	司马睿	41	318—322	4	46
	十六国		304—439	135	60					
南北朝	南朝	宋	420—479	59	8	刘裕	57	420—422	2	59
		齐	479—502	23	6	萧道成	52	479—482	3	55
		梁	502—557	55	4	萧衍	38	502—549	47	85
		陈	557—589	32	5	陈霸先	54	557—559	2	56
	北朝	北魏	386—534	148	14	拓跋珪	15	386—409	23	38
		东魏	534—550	16	1	元善见	10	534—550	16	26
		北齐	550—577	27	5	高洋	21	550—559	9	30
		西魏	535—557	22	3	元宝炬	28	535—551	16	44
		北周	557—581	24	5	宇文觉	15	557	当年	15

（续表）

隋		581—618	37	3	杨坚	40	581—604	23	63
唐		618—907	289	21	李渊	52	618—626	8	69
（周）		690—705	15	1	武曌	66	690—705	15	81
五代十国	后梁	907—923	16	3	朱温	55	907—912	5	60
	后唐	923—936	13	4	李存勖	38	923—926	3	41
	后晋	936—946	10	2	石敬瑭	44	936—942	6	50
	后汉	947—950	3	2	刘知远	52	947—948	1	53
	后周	951—960	9	3	郭威	47	951—954	3	50
	十国	902—979	77	41					
宋	北宋	960—1126	166	9	赵匡胤	33	960—976	16	49
	南宋	1127—1279	152	9	赵构	20	1127–1162	35	80
辽		916—1125	209	9	耶律阿保机	44	916—926	10	54
西夏		1038—1227	189	10	李元昊	29	1032–1048	16	45
金		1115—1234	119	10	完颜阿骨打	47	1115–1123	8	55
元		1271—1368	97	11	忽必烈	45	1260–1294	34	79
明		1368—1644	276	16	朱元璋	40	1368–1398	30	70
清		1636—1911	275	11	皇太极	34	1626–1643	17	51

表注：

（1）帝王数指各朝代国王、皇帝、天王、大汗等国君的个数（不是任数），不包括追尊（死后被追认）的帝王和受封的诸侯王。西汉十四帝包括高后吕雉临朝称制期间先后立的汉少帝刘恭和恒山王刘弘以及在位仅二十七天、被霍光罢黜的昌邑王刘贺，不包括孺子刘婴（他只被立为太子，由王莽当“假皇帝”“摄皇帝”）。东汉十四帝包括在位仅八个月的废帝刘懿。南宋九个帝王包括元军攻占临安、宋廷南逃后文武大臣先后拥立的宋端宗和卫王两个宋主。另外，中国封建社会阶段出现的大小农民起义政权、未列入此表的其他少数民族没有什么知名度的政权、败逃而割据一隅的“西辽”和“北元”政权、同一个朝代皇室子弟被拥立的地方割据政权（如萧梁朝、南明朝），它们的帝王都不在此表统计之列。而疆域较大、国祚较长的独立政权皇帝如金末帝继位只一天被杀，也统计在金帝王数内。

（2）夏、商、周右边的空栏，属无考、不详或尚无定论。

（3）东周起止年代是公元前770年至公元前249年。

（4）刘邦于公元前206年，被项羽封为汉王，公元前202年他建汉称帝。

（5）公元221年孙权受魏文帝曹丕之封为吴王，公元229年孙权建吴称帝。

（6）十六国指我国北方先后存在的汉（前赵）、成（成汉或前蜀）、前凉、后赵、前燕、前秦、后燕、后秦、西秦、后凉、南凉、北凉、南燕、西凉、北燕、夏等，史称“十六国”。

（7）十岁的元善见是被权臣拥立的东魏开国皇帝，他被权臣摆布十六年后被杀。

（8）为北周建立打下基础的是宇文泰，他在生前没有称帝，死后被追尊为文帝，他死后由权臣扶持其子十五岁的宇文觉称帝，当年就被该权臣所杀。

（9）唐朝建立七十二年后武则天改国号为“周”，十五年后，她临死前宣布去掉自己的皇帝称呼，其子李显复位，恢复国号“唐”。唐二十一帝，包括在位仅十七天的少帝李重茂，不包括武周朝女皇。唐朝国祚 289 年含武周朝十五年。

（10）五代十国时期，除五代（国）外，还先后存在过十个主要的封建政权：吴、前蜀、吴越、楚、闽、南汉、荆南（南平）、后蜀、南唐、北汉等国。

（11）李元昊的父亲被北宋封为夏王，公元 1032 年李元昊继夏王位，北宋立即封他为定难军节度使、西平王。他于公元 1038 年改称帝，定国号“大夏”，史称西夏。他在位治国从公元 1032 年继夏王位算起。

（12）元太祖成吉思汗孛儿只斤·铁木真建立“大蒙古国”，他是开国大汗。第五任大汗孛儿只斤·忽必烈公元 1260 年继位，公元 1271 年他把自己原分管统辖的漠南地域和前朝南宋版图统一（后来包括今蒙古国）定国号为“元”，成为元朝开国大汗。元朝国祚就从公元 1271 年算起。从成吉思汗公元 1206 年建立“大蒙古国”算起，国祚为 162 年。忽必烈治国从公元 1260 年继“大蒙古国”大汗位算起。

（13）清太祖爱新觉罗·努尔哈赤建立“后金”国，他是“后金”国开国大汗。爱新觉罗·皇太极公元 1626 年继“后金”大汗位，公元 1636 年改国号为“大清”，成为清朝开国皇帝。他在位治国从公元 1626 年继“后金”大汗位算起。八年后即公元 1644 年，农历二月十九日，李自成农民起义军攻占北京，四月二十九日，李自成在北京即位成为大顺政权皇帝，明朝灭亡。也就在四月，清军入关，五月初，进占北京，入主中原，多民族大一统清朝的第一个皇帝是爱新觉罗·福临即顺治皇帝。

《中国历史有关年代表》和《表注》系笔者参考许多历史书籍后所列。因为不少史书在一些历史年代问题上说法不一，所以史书上没有和我相同的。

附录二：主要参考书目

1、《尚书》，湖南出版社，1997 年版。

2、左丘明、吕不韦、刘向著：《左传 · 吕氏春秋 · 战国策》，广州出版社 2006 年版。

3、司马迁著：《史记》，宁夏人民出版社 1994 年版。

4、陈寿著、裴松之注《三国志》，中华书局出版 1982 年版。

5、（唐）吴兢编撰：《贞观政要》，时代文艺出版社 2001 年版。

6、司马光著：《资治通鉴》，贵州人民出版社 1993 年版。

7、张振德主编：《二十五史》，巴蜀书社出版 1998 年版。

8、杨伯峻等译：《白话四书五经》，岳麓书社出版 1994 年版。

9、白寿彝总主编：《中国通史》，共 22 本，上海人民出版社，近些年来陆续出版。

10、冯国超、彭钟麟主编：《中国通史》，光明日报出版社 2002 年版。

11、杨飞主编：《中国皇帝大传》，光明日报出版社 2002 年版。

12、王全乐主编：《毛泽东评点二十四史》，中国档案出版社、北方妇女儿童出版社 2002 年版。

13、薛泽石主编：《跟毛泽东学史》，红旗出版社 2002 年版。

14、林甘泉、张海鹏、任式楠主编：《从文明起源到现代化——中国历史 25 讲》，人民出版社 2002 年版。

15、肖黎主编：《中国历代名君》：河南人民出版社 1987 年版。

16、马伯煌主编：《中国经济政策思想史》：云南人民出版社 1997 年版。

17、曹大中编著:《中国历代帝王语录》: 长江文艺出版社 1993 年版。
18、中央政策研究室哲学历史研究局编著:《史论十三篇》, 红旗出版社 2002 年版。
19、张国著:《中国治国思想史》, 新华出版社 2002 年版。
20、冯俊科著:《帝王治国策》, 中国华侨出版公司 1991 年版。
21、范文澜著:《中国近代史》, 人民出版社 1995 年版。
22、吕振羽著:《简明中国通史》, 人民出版社 1957 年版。
23、郭沫若著:《奴隶制时代》, 人民出版社 1973 年版。
24、张荫麟著:《中国史纲》, 商务印书馆出版 2003 年版。
25、翦伯赞主编:《中国史纲要》, 人民出版社 2002 年版。
26、王春瑜主编:《中国小通史》, 金盾出版社 2003 年版。
27、何新著:《论中国历史与国民意识》, 时事出版社 2002 年版。
28、李世愉主编:《清官贪官传》, 海南出版社 1995 年版。
29、杨敏之主编:《中国历代反贪全书》, 湖南大学出版社 1996 年版。
30、李福泉主编:《古代帝王巡游记实》《古代帝王文祸要论》, 岳麓书社 1997 年版。
31、杜建民编著:《中国历史帝王世系年表》, 齐鲁书社 2003 年版。
32、《中国历史年代简表》, 文物出版社 2001 年版。
33、孙永都、孟昭星编:《简明古代职官辞典》, 书目文献出版社 1987 年版。
34、柏杨著:《中国人史纲》, 时代文艺出版社 1987 年版。
35、柏杨著:《柏杨品秦隋》, 中信出版社 2007 年版。
36、李洁萍、尹承琳编著:《中国历代帝王志》, 吉林文史出版社 1986 年版。

37、黄仁宇著:《万历十五年》,中华书局 2006 年版。
38、钱穆著:《国史大纲》,商务印书馆 2005 年版。
39、樊树志著:《国史十六讲》,中华书局 2006 年版。
40、张岂之著:《中国历史十五讲》,北京大学出版社 2004 年版。
41、周时奋著:《中国历史十一讲》,山东画报出版社 2004 年版。
42、吕思勉著:《中国史》,上海世纪出版股份有限公司和上海古籍出版社出版。
43、王家范著:《中国历史通论》,华东师范大学出版社 2005 年版。
44、谢善骁著:《解读历史帝王》,北京出版社出版集团和北京出版社 2006 年版。
45、杨联陞著:《国史探微》,新星出版社 2005 年 5 版。
46、孟宪实著:《孟宪实讲唐史》,广西师范大学出版社 2007 年版。
47、邱立坤著:《知道点中国历史》,二十一世纪出版社 2006 年版。
48、仓圣主编:《正说中国三百五十帝》,黑龙江人民出版社 2006 年版。
49、易中天著:《汉代风云人物》,东方出版社 2006 年版。
50、于丹著:《于丹品二十五史》,中华书局 2007 年版。
51、杨耀文选编:《文化名家谈史录》,京华出版社 2007 年版。
52、董昶源主编:《中国全史》,北京大学出版社 2006 年版。
53、(英)赫伯特·乔治·威尔士著:《大国的崛起》,陕西师范大学出版社 2007 年版。
54、朱孟阳编著:《细说唐代二十朝》,京华出版社 2005 年版。
55、曾纪鑫著:《历史的刀锋》中国友谊出版公司 2006 年 12 月第 1 版。
56、【日本】陈舜臣著:《帝国的软肋》《门阀乱》《两宋王朝》廖为智译:新星出版社 2008 年版。

57、袁腾飞著:《历史是个什么玩意儿》，上海锦绣文章出版社 2009 年版。
58、邓诗萍主编:《中华帝王》，吉林大学出版社 2009 年版。

后记

这是一部意在面向社会、面向群众、面向未来、有益于祖国走向昌盛发达的政论性学术类历史书籍。它又可被看做是提供给读者探寻治国规律的一座史料资源库。

本书2004年初版面世，后又修订再版，本版是第三版。

我是一个农村基层干部，业余喜好看书学习，尤其是历史。在职时虽是零星阅读，但偶尔也在所学关键处有灵感产生。退休后，在系统阅读史书的同时，也学了些文学、哲学、逻辑、心理学等学科的基础知识，还记录了不少史学要点和心得体会。退休后，常回忆长期从事基层管理工作的经历。治理地方实践的成功和失败，使我又得到了较多的人生经验和教训。让以上所学所历，在脑子里不断交织结合，就对人类社会的认识有了新的收获，常令人激动不已，遂有了要整理记录、理顺思绪的一股激情。

治国是否注重民生、顺应民意，关系到国家的兴衰存亡。这是我读史后思考历史和现实的一个重要心得。从学术研究上讲，这是一个史学观点；从它关系到国家命运看，也可算是个政治见解。在这本书里，我称之为政论性历史学术论点。

既是论点，就必须有论据作为支撑。于是，我就一方面用马克思主义有关原理加以证明，一方面以我国历朝历代帝王治国的史实作为论据，分几个章节进行论证。最后，就形成了这样一本历史书籍。想不到，拙作一面世，《常德日报》就予以报道，接着有教授、专家发表书评，不少读者争相购买和相互转借，一时好评如潮。修订版时挚友毛卫华先生又以《发掘宝库以史为鉴》为题，写开篇语。

凡史著皆以史实为素材，不能奉行创作原则。我国有帝王存在的社会，从夏商到明清，历经4000多年，其间充满若干帝王治国史实，为世界之最。本书采用文学记实文和史学政论文相结合的写作方式，择要综述归纳，把重要的一件件史实在时空上有机地连贯起来，且用词上力求准确和恰当。如此写法，是想不靠故事情节的形容描写而尽可能复现帝王治国实践原本的真实、活脱和生动。

拙作没有给读者提供任何历史学术上的新材料，它只是对史学界公认的若干治国史实，以新的视角联系思考，而得出了关于治国的一个新认识，即执政治国要"注重民生，顺应民意"，并把它放在第一章和收笔感想中含蓄地表述为是治国的一条内在基本规律。无论是哪个阶段（包括无产阶级）取得社会统治地位后，能否遵循这条规律治国，决定国家的兴衰存亡。

我从未向媒体投稿，更不具备写史学所需的一些客观条件，退休后居然从宏观层面上以治国理政为题材写一本史学书籍，因而得到了不少领导、朋友、亲人精神上的鼓励和史学资料方面的及经济方面的帮助。第二次和本次出版印刷，又有较多领导和亲朋的力挺和支持。

在此，我分别列出姓名以表示衷心感谢。

第一版：李一翔、罗芳权、刘恢绪、何志昂、李世俊、何俊、龙春美、刘国伟、胡维新、黄常祯、涂能斌、毛友英、隆中、鄢忠诚、殷再德、马巨波、周定军、周定治、周爽丽。

第二版：傅启芳、韩隆福、毛卫华、周德春、李盈山、李少夫、潘庆荣、刘荣炯、郑维元、夏云阶、张崇尚、潘能震、张声高、袁银祥、王祝春、朱燕君。

本版：钦时中、赵清林、龚伟、刘浩冰。

最后，拙作的书名是时任中共湖南省省委委员、省文化厅厅长、中国国际文化传播中心书画艺术委员会副主席周用金同志审阅此书后为拙作题写的，可至今我还未曾与他见面认识。在这里，我向该领导致谢并深表敬意。

周贵轩

2016 年 2 月 15 日

图书在版编目（CIP）数据

帝王治要 / 周贵轩著. -- 北京 : 北京联合出版公司, 2016.4
ISBN 978-7-5502-7530-0

Ⅰ.①帝… Ⅱ.①周… Ⅲ.①帝王－政治－谋略－中国－古代 Ⅳ.①D691
中国版本图书馆CIP数据核字(2016)第076070号

帝王治要
作　　者：周贵轩
出 品 人：唐学雷
总 发 行：北京时代华语图书股份有限公司
责任编辑：肖　桓
封面设计：后声文化
版式设计：王文鹏　姜　楠
责任校对：许　罡

北京联合出版公司出版
（北京市西城区德外大街83号楼9层 100088）
北京文昌阁彩色印刷有限责任公司　　新华书店经销
字数150千字　　690毫米×980毫米　1/16　　17印张
2016年5月第1版　　2016年5月第1次印刷
ISBN 978-7-5502-7530-0
定价：38.00元